BOEING
Verkehrsflugzeuge

Achim Figgen
Dietmar Plath

BOEING
Verkehrsflugzeuge
Von den Anfängen bis zur 787

Ein kostenloses Gesamtverzeichnis erhalten Sie beim
GeraMond Verlag
D-81664 München

Unser komplettes Programm:

www.geramond.de

Produktmanagement: Lothar Reiserer
Schlusskorrektur: Michael Dörflinger
Layout: imprint, Ilona Külen, Zusmarshausen
Herstellung: Thomas Fischer
Printed in Italy by Printer Trento

Alle Angaben dieses Werkes wurden von den Autoren sorgfältig recherchiert
und auf den aktuellen Stand gebracht sowie vom Verlag geprüft. Für die Richtigkeit der Angaben kann jedoch keine Haftung übernommen werden. Für Hin-
weise und Anregungen sind wir jederzeit dankbar. Bitte richten Sie diese an:
GeraMond Verlag
Lektorat
Innsbrucker Ring 15
D-81673 München
e-mail: lektorat@geranova.de

Bildnachweis der Umschlagabbildungen:
vorne, große Abbildung – Boeing Commercial
vorne, kleine Bilder von links nach rechts – Dietmar Plath, Boeing-Archiv,
        Dietmar Plath
hinten, von oben nach unten – Lufthansa, Boeing-Archiv, Archiv Dietmar Plath

Die Deutsche Bibliothek – CIP Einheitsaufnahme
Ein Titeldatensatz für diese Publikation ist bei der
Deutschen Bibliothek erhältlich.

© 2006 GeraMond Verlag GmbH
ISBN 3-7654-7048-1

Inhalt

Die frühen Jahre   8

Moderne Zeiten   18

Die ersten „Jumbos"   26

707/720 – Die Jet-Pioniere   40

727 – Allein auf weiter Flur   48

737 – Das erfolgreichste Verkehrsflugzeug der Welt   56

747 – Der Jumbo-Jet   76

757 – Vielseitig einsetzbar   96

767 – Auf dem Nordatlantik zu Hause   104

777 – Mit zwei Triebwerken um die halbe Welt   112

717 – Das Douglas-Erbe   122

787 – Das Effizienzwunder   128

Anhang
Technische Daten   138
Boeing-Standorte in und um Seattle   140
Register   141
Danksagung, Bildnachweis, Quellenverzeichnis   142
Die Autoren   143

Die frühen Jahre

**Der Sohn eines Auswanderers aus Deutschland
gründete 1916 in Seattle jenes Unternehmen,
das einmal zum weltgrößten Flugzeughersteller werden sollte.**

*William Boeing (rechts) und
Werkspilot Eddie Hubbard vor
Boeings C-700, mit der sie am
3. März 1919 60 Briefe vom
kanadischen Vancouver nach
Seattle flogen.*

*Seite 8/9: Das allererste
Boeing-Flugzeug, das nach seinen
Erbauern William Boeing und
Conrad Westervelt B&W genannte
Model 1, wird nach einem Testflug
in den Hangar gezogen.*

Wer heute das Telefonbuch 42 der Deutschen Telekom, für den Geltungsbereich Hagen und Schwelm, zur Hand nimmt und im Ortsverzeichnis Hohenlimburg den Buchstaben „B" aufschlägt, wird ein gutes Dutzend Einträge unter dem Stichwort Böing finden. In der „amerikanisierten" Schreibweise wird daraus ein Name, dessen Bekanntheitsgrad weltweit heute wohl nur von wenigen übertroffen wird: Boeing. Es wäre nun sicher vermessen zu behaupten, der weltgrößte Hersteller von Flugzeugen sei im Grunde ein deutsches Unternehmen, aber Tatsache ist, dass die Vorfahren des Firmengründers William Boeing aus Westfalen stammen. In Hohenlimburg wurde am 19. April 1846 der Kaufmannssohn Wilhelm Böing geboren, der 1868 im Alter von 22 Jahren in die USA auswanderte, nachdem er zuvor in Lippstadt das Abitur gemacht, ebenfalls den Beruf des Kaufmanns ergriffen und 1866 am deutsch-österreichischen Krieg teilgenommen hatte. Familienhistoriker vermuten, dass sich der als tatkräftig und begabt geschilderte Wilhelm nicht nur deshalb zur Auswanderung entschlossen hatte, weil es ihm in seiner Heimat zu eng wurde. Auch das schwierige Verhältnis zum strengen Vater soll eine Rolle gespielt haben. Bei seiner Ankunft in Detroit nahezu mittellos, arbeitete Wilhelm in der Folgezeit auf einer Farm, als Bretterstapler in einem Bauholzgeschäft und in einer Eisenwarenhandlung, ehe er dank seiner Begabung eine Stelle als Buchhalter bei dem Holz-

händler Charles L. Ortmann erhielt. Dort sammelte er nicht nur die nötige Erfahrung, um ab 1875 selbst in dieser Branche tätig zu werden, sondern lernte auch seine künftige Frau Marie kennen, die älteste Tochter Ortmanns, die er 1880 heiratete.

Sein kaufmännisches Talent war unverkennbar, denn Wilhelm Boeing, wie er sich in der Neuen Welt nannte, erwarb große Ländereien mit umfangreichem Holzbestand zunächst im heimischen Bundesstaat Michigan, dann in Wisconsin, Minnesota, Kalifornien und schließlich in Washington, damals selbstständiges Territorium und noch kein Bundesstaat der USA. Der Handel mit Holz und Holzländereien, aber auch vielfältige weitere Aktivitäten im Bank-, Versicherungs- und Stahlgeschäft machten Boeing zu einem wohlhabenden Mann, doch verstarb er bereits am 10. Januar 1890 (andere Quellen sprechen vom 14. Januar) im Alter von nur 44 Jahren an den Folgen einer Grippe, die er sich bei einem Geschäftsbesuch in New York zugezogen hatte.

Sein am 1. Oktober 1881 geborener Sohn William Edward (Bill) – eines von drei Kindern des Ehepaars Boeing – ging früh eigene Wege, sicherlich begünstigt durch die lange Abwesenheit von daheim während seiner Schulzeit, die er unter anderem auf einer Knabenschule im schweizerischen Vevey verbracht hatte. Die Abneigung gegen seinen Stiefvater, nachdem seine Mutter wieder geheiratet hatte, wird ebenso ihren Teil dazu beigetragen haben. Die Sheffield School of Science in Yale verließ er 1903 ein Jahr vor dem Abschluss, um im Nordwesten der Vereinigten Staaten sein Glück im Holzgeschäft zu versuchen. Da er offensichtlich den Geschäftssinn seiner Vorfahren geerbt hatte, brachte er es in vergleichsweise kurzer Zeit zu einigem Wohlstand.

Auf einen aufgeschlossenen und technikbegeisterten Menschen wie Bill Boeing musste die damals noch in den Kinderschuhen steckende Fliegerei eine große Faszination ausüben. Von Seattle, wo er nun seine Zelte aufgeschlagen hatte, reiste er im Januar 1910 nach Los Angeles. Auf dem dortigen Dominguez Field im Süden der Stadt fand die erste Luftfahrtschau auf amerikanischem Boden statt. Wie Zehntausende andere Besucher bewunderte der großgewachsene, elegante Boeing, der mit seinem strengen Seitenscheitel, dem Schnurrbart und der randlosen Brille eher wie ein Professor wirkte, die Leistungen der wagemutigen Flieger, auch wenn die Luftfahrt seine Liebe zunächst nicht unbedingt erwiderte. Denn Boeings Versuche, eine Mitfluggelegenheit bei dem erfolgreichen französischen Piloten Louis Paulhan zu ergattern, blieben erfolglos.

Neun Monate später erlebte New York ein vergleichbares Luftfahrt-Spektakel. Boeing war diesmal nicht zugegen, aber neben vielen anderen ein junger Marine-Leutnant mit Namen George Conrad Westervelt. Der Ingenieur Westervelt wurde bald darauf an eine Marine-Werft in Seattle versetzt, wo er im Club der Universität William Boeing vorgestellt wurde. Die beiden Junggesellen verbrachten ihre Freizeit mit gemeinsamen Kartenspielen, Fahrten in Boeings Yacht und Diskussionen über technische Fragen, und als im Sommer 1914 ein Pilot namens Terah Maroney mit einem Curtiss-Wasserflugzeug nach Seattle kam, nutzten Boeing und Westervelt die Gelegenheit zu Mitflügen. Begeistert von der Idee des Fliegens, aber nicht sonderlich beeindruckt von Maroneys Flugzeug, bemerkte Boeing eines Tages zu seinem Freund: „Ich denke, wir können ein besseres bauen."

Und das taten sie dann auch, wobei Boeing vor allem die Rolle des Geldgebers übernahm. Westervelt sollte das Flugzeug entwickeln und mit Hilfe des Mechanikers und Piloten Herb Munter bauen. Da der Marine-Offizier selbstverständlich über ebenso wenig Erfahrung in der Entwicklung von Flugzeugen verfügte wie sein Partner, tat er das, was viele Flugzeugkonstrukteure jener Zeit taten – er orientierte sich an einem bestehenden Entwurf. In diesem Fall war es ein Martin-Wasserflugzeug, das Boeing 1915 erworben und auf dem er auch Flugstunden genommen hatte. Äußerlich ähnelte der nach seinen „Vätern" als B&W bezeichnete Doppeldecker seinem Vorbild; er verfügte aber über einen stärkeren Motor und verbesserte

Schwimmer. Ursprünglich war Herb Munter als Pilot des Jungfernfluges vorgesehen, doch als der am 15. Juni 1916 mit Verspätung am mitten in der Stadt gelegenen Lake Union eintraf, hatte ein ungeduldiger William Boeing das Steuer im wahrsten Sinne des Wortes bereits selbst in die Hand genommen ...

Kein kommerzieller Erfolg

Nur zwei Exemplare der maximal 120 Kilometer pro Stunde schnellen B&W wurden gebaut, für die sich allerdings weder Westervelts Arbeitgeber noch ein anderer Kunde in den USA interessierte. „Bluebill" und „Mallard", so die Namen der beiden B&Ws, wurden schließlich 1918 an die Regierung Neuseelands verkauft, die sie für die Ausbildung von Piloten und zur Erprobung von Postflügen einsetzte. Ganz nebenbei stellte die B&W auch noch einen neuseeländischen Höhenrekord (6.500 Fuß, etwa 1.980 Meter) auf, womit bewiesen war, dass das erste Boeing-Flugzeug vielleicht keine Schönheit, aber zumindest leistungsmäßig durchaus auf der Höhe der Zeit war. Leider wurden beide Flugzeuge 1924 als Artillerie-Übungsziele missbraucht und zerstört, doch in den sechziger Jahren machten sich einige Enthusiasten um den ehemaligen Boeing-Testpiloten Clayton L. Scott daran, eine flugfähige B&W nachzubauen. Heute ist diese Replik, die am 25. Mai 1966 anlässlich des 50-jährigen Firmenjubiläums zu ihrem Jungfernflug abhob, im Museum of Flight in Seattle zu bewundern.

Dort steht übrigens auch die berühmte rote Scheune („Red Barn"). Ursprünglich war sie Teil einer Werft am Westufer des Duwamish Rivers, die Boeing erworben hatte, um seine Yacht dort fertigen zu lassen. Hier, südlich der Innenstadt ganz in der Nähe des allerdings erst 1928 eröffneten King County Airports, heute eher als Boeing Field bekannt, entstanden auch Teile der B&W, und hier war der Firmensitz der Pacific Aero Products Company, mit der William Boeing am 15. Juli 1916 offiziell als Flugzeughersteller aktiv wurde. Bereits ein Jahr später wurde daraus die Boeing Airplane Company, und der Name prangte fortan in großen weißen Buchstaben an der roten Fassade. In der Zwischenzeit hatte sich einiges getan: Westervelt war von der Marine versetzt worden, und sein fest angestellter Nachfolger Tsu Wong hatte auf Basis der B&W das verbesserte Model C entworfen, von dem die US-Marine zwei Exemplare zu Testzwecken erworben und nach dem Kriegseintritt der Vereinigten Staaten 50 Serienflugzeuge bestellt hatte. Boeing war endgültig im Geschäft! Der Firmenchef überließ die tägliche Arbeit zwar weitgehend seinem Cousin und Vice President Edgar Gott, doch seine Begeisterung für die Fliegerei war ungebrochen. So entstand nach Auslaufen der

Von 1926 bis kurz vor Ende des Zweiten Weltkriegs war der „Boeing Bug", ein stilisiertes Insekt, das aus dem Namenszug mit angehängten Flügeln bestand, das Markenzeichen des Unternehmens.

Der Hangar am inmitten der Stadt gelegenen Lake Union, in dem die beiden B&W gebaut worden waren, erwies sich als viel zu klein für die Serienfertigung von Flugzeugen. Deshalb verlegte man die Aktivitäten auf eine Werft am Duwamish River, die Boeing einige Jahre zuvor erworben hatte. Die „Red Barn", wie das Gebäude ob seiner auffälligen roten Bemalung genannt wurde, ist heute Teil des Museums of Flight am Boeing Field in Seattle.

Die Modernisierung von de Havilland DH-4, deren hölzerne Struktur durch einen Rahmen aus geschweißten Stahlrohren ersetzt wurde, sorgte zwischen 1923 und 1925, als die Nachfrage nach Neuflugzeugen eher gering war, für Beschäftigung bei Boeing.

Navy-Bestellung ein weiteres Model-C-Exemplar speziell für Bill Boeing. Es erhielt die Bezeichnung C-700, weil das zuvor produzierte Flugzeug firmenintern unter seiner Marine-Seriennummer 699 bekannt war, und wurde am 3. März 1919 für den ersten internationalen Luftpost-Flug in die Vereinigten Staaten genutzt. Boeing und Werkspilot Eddie Hubbard brachten 60 Briefe aus dem kanadischen Vancouver auf dem Luftweg nach Seattle. Es sollte nicht der letzte Ausflug des Flugzeugherstellers ins „Airline"-Geschäft bleiben.

Der Krieg hatte dem jungen Unternehmen noch einen weiteren großen Auftrag beschert: Boeing sollte 50 HS-2L-

Patrouillen-Flugboote in Lizenz bauen, weil der Hersteller Curtiss nicht in der Lage war, die geforderten Stückzahlen zu liefern. Doch nach dem Ende des Ersten Weltkriegs und der Produktion von 25 Exemplaren wurden die restlichen Bestellungen gestrichen, und Boeing stand – wie viele der in den vorangegangenen Jahren neu gegründeten Flugzeughersteller – vor einer ungewissen Zukunft. Von den Streitkräften nicht mehr benötigte Flugzeuge, darunter auch Model Cs, überschwemmten den Markt und der kommerzielle Flugverkehr steckte bestenfalls in den Kinderschuhen, so dass die Nachfrage nach Neuentwicklungen praktisch gegen Null ging. Boeing musste einen Großteil der zwischenzeitlich mehr als 100 Mitarbeiter entlassen und beschäftigte den Rest mit dem Bau von Booten und Möbeln. Das stellte insofern kein Problem dar, als die meisten von ihnen ohnehin gelernte Zimmerleute und Schreiner waren und ursprünglich von den Werften der Gegend stammten.

Doch auch diese Aktivitäten waren letztlich ein Zuschussgeschäft und wurden bald wieder eingestellt. Hätte sich Bill Boeing das „Hobby" Flugzeugbau nicht leisten wollen und können, wäre die Geschichte der Boeing Airplane Company zu diesem Zeitpunkt wohl beendet gewesen.

Jagdflugzeug-Bau sichert das Überleben

Die große Zahl überzähliger Militärflugzeuge nach Kriegsende war zwar einerseits ein Verkaufshindernis für neue Flugzeuge, andererseits sorgte sie ab 1920 zumindest für

etwas Arbeit bei Boeing. Das Unternehmen wurde nämlich beauftragt, 111 de Havilland DH-4 umzurüsten. Die
hatten sich während ihres Einsatzes den Ruf eines „fliegenden Sarges" verdient, weil sie leicht Feuer fingen.
Boeings Aufgabe bestand im Wesentlichen darin, die
Position von Cockpit und Treibstofftank zu vertauschen,
um die Brandgefahr zu verringern. Die Modifizierung der
anschließend als DH-4B bezeichneten Flugzeuge war
zwar keine große Herausforderung für die Firma, sicherte
aber höchstwahrscheinlich ihr Überleben in diesen Jahren. Ebenso wie ein Folgeauftrag zwischen 1923 und 1925,
in dessen Rahmen weitere 186 DH-4 modernisiert wurden. Bei diesen DH-4M (M für „modernized") wurde ein
Teil der hölzernen Struktur durch Metall ersetzt, wobei
Boeing erstmals das Lichtbogenschweißen zur Verbindung von Stahlbauteilen einsetzte, ein Verfahren, das
später entscheidende Vorteile bei der Konstruktion von
Jagdflugzeugen brachte. Und die stellten in den Jahren
nach dem Ersten Weltkrieg das Gros der bei Boeing produzierten Modelle.

Das erste und zumindest zahlenmäßig wichtigste war
die MB-3A, von der bis Ende 1922 exakt 200 Exemplare
ausgeliefert wurden. Damals galt in den USA die Regel,
dass das Unternehmen, das einen siegreichen Entwurf
vorgelegt hatte, nicht notwendigerweise auch den
Zuschlag für die Fertigung erhielt. Stattdessen kam die
Firma zum Zuge, die versprach, das Flugzeug am güns-
tigsten zu produzieren. Und das war im Falle der von der
Thomas-Morse Aircraft Corp. entwickelten MB-3A nun einmal Boeing. Der Einsitzer war ein vergleichsweise konventionelles Flugzeug aus Holz mit Stoffbespannung,
aber Boeing etablierte mit diesem Auftrag den Ruf als
zuverlässiger Lieferant für das Militär.

Bereits bei zwei vorangegangenen Projekten hatte das
Unternehmen bewiesen, dass es vorgegebene Spezifika-
tionen exakt zu erfüllen im Stande war. Dass beide
Modelle letztlich die in sie gesetzten Erwartungen nicht
annähernd zu erfüllen vermochten, lag weniger am Hersteller, sondern vielmehr am Entwurf – und der stammte
in beiden Fällen nicht von Boeing, sondern von der
Armee. Unter den Bezeichnungen GA-1 und GA-2 entstanden 1921 insgesamt zwölf Erdkampfflugzeuge, wie sie in
ihrer Monstrosität vermutlich nur von staatlichen Stellen
geplant werden konnten. Die Grundidee war noch nach-
vollziehbar: Die Besatzung sollte gegen den Beschuss
vom Boden geschützt werden, weshalb der Vorderrumpf
und die Motorenverkleidung mit Eisenblechen gepanzert
wurden. Die Folgen dieser Vorgaben waren allerdings vor-
hersehbar: GA-1 und GA-2 waren im Verhältnis zu ihrer
Motorisierung zu schwere Flugzeuge, die darüber hinaus
unter aerodynamischen und Kühlungsproblemen litten

und der Besatzung eine schlechte Sicht nach außen
boten.

Andere von Boeing für Armee und Marine produzierte
Modelle waren dagegen deutlich erfolgreicher, beispielsweise das erste in Eigenregie entwickelte Jagdflugzeug, in
das viele Erfahrungen aus der MB-3A-Produktion einflos-
sen. Das Model 15 flog 1923 zum ersten Mal und wurde als
PW-9 von der Army und ab 1925 auch von der Navy unter
der Bezeichnung FB eingesetzt.

In den folgenden Jahren wurde Boeing zu einem der
wichtigsten Lieferanten von Jagdflugzeugen für die US-
amerikanischen Streitkräfte, und es waren vor allem
diese staatlichen Aufträge, die das Unternehmen in der
ersten Hälfte der zwanziger Jahre über Wasser hielten.
Was nicht heißen soll, dass in Seattle nicht auch einige für
den zivilen Markt gedachte Flugzeuge entstanden. Nur
war ihnen durch die Bank kein kommerzieller Erfolg
beschieden. Den Anfang machte bereits 1919 die B-1, eine
dreisitziges und zunächst von einem 200-PS-, später von
einem 400-PS-Motor angetriebenes Flugboot. Boeing
hatte gehofft, im wasserreichen Nordwesten des Landes
Kunden zu finden, doch nur ein einziges Exemplar wurde
gebaut. Eddie Hubbard, der den Zuschlag für eine der ersten Luftpostrouten zwischen Seattle und dem kanadischen Victoria erhalten hatte, erwarb das Flugzeug und
legte in acht Jahren mehr als 560.000 Kilometer damit
zurück, wobei er nicht weniger als sechs Motoren ver-
schliss. Nicht viel besser erging es Boeing mit der BB-1,
einer etwas kleineren und mit 130 PS etwas schwächer
motorisierten Version der B-1, die ebenfalls nur ein einzi-
ger Mal gebaut, aber zumindest auch verkauft wurde.
Gleiches gilt für die BB-L6. Als erstes Boeing-Flugzeug
speziell für die Personenbeförderung konzipiert, wies es
die gleichen Tragflächen auf, verfügte aber – eine weitere
Premiere – nicht über Schwimmer oder einen Boots-

Zeitreise – 1916 bis 1928	
15.06.1916	Erstflug der B&W
15.07.1916	Gründung der Pacific Aero Products Company
15.11.1916	Erstflug des Model C
09.05.1917	Umbenennung in Boeing Airplane Co.
27.12.1919	Jungfernflug des Flugboots B-1
02.06.1923	Erstflug des Jagdflugzeugs Model 15 (PW-9/FB)
07.07.1925	Erstflug des Post-flugzeugs Model 40
20.05.1927	Jungfernflug des verbesserten Model 40A
30.06.1927	Gründung von Boeing Air Transport
27.07.1928	Erstflug des Model 80
05.10.1928	Erster Flug des Model 40B-4

*Nur ein einziges Exemplar der B-1
(Model 6) wurde gebaut. Das
Flugboot vermochte neben
dem Piloten zwei Passagiere sowie
Fracht oder Post zu befördern.*

Das Model 40A, von Boeing für den Einsatz auf der Poststrecke San Francisco – Chicago entwickelt, unterschied sich von seinem erfolglosen Vorgänger Model 40 vor allem durch den 420 PS leistenden Wasp-Motor von Pratt & Whitney sowie eine kleine, zwei Passagieren Platz bietende Kabine.

Edgar N. Gott

Edgar Gott (1887–1947) war ein Vetter von William Boeing und leitete zwischen 1922 und 1925 als President die Geschicke des jungen Unternehmens, nachdem er bereits zuvor als Vice President weitgehend für das Tagesgeschäft verantwortlich gewesen war.

rumpf, sondern über ein konventionelles Fahrwerk. Herb Munter setzte die BB-L6 für Rundflüge ein, bei denen zwei Passagiere im vorderen Cockpit Platz fanden.

1922 zog sich Bill Boeing auf den Posten des Chairmans zurück. Seine Nachfolge als President und damit de facto als Leiter des Unternehmens trat sein Cousin Edgar Gott an, der jedoch keine drei Jahre später zum Konkurrenten Fokker wechselte. Aber William Boeing hatte längst einen Nachfolger bei der Hand – Philip (Phil) G. Johnson, einen Sohn schwedischer Einwanderer, den er 1917 gemeinsam mit einem anderen jungen Ingenieur,

Clairmont (Claire) L. Egtvedt, von der Universität weg für sein junges Unternehmen angeheuert hatte. Johnson stellte sich als Organisationsgenie heraus und wurde schon bald mit der Leitung der Produktion betraut. 1921 ernannte Boeing ihn zum Vice President, 1926 dann – da war Johnson gerade einmal 34 Jahre alt – zum President.

Auch Egtvedt erwies sich als gute Wahl. Innerhalb kürzester Zeit stieg er zum Chefingenieur auf, und vor allem seinem Drängen war es zu verdanken, dass Boeing nicht nur von anderen entwickelte Flugzeuge baute, sondern eigene Entwürfe auf den Markt brachte.

Das Model 40 und Boeing Air Transport

Doch selbst Egtvedt konnte nicht verhindern, dass Boeings erfolgreichstes ziviles Flugzeugprogramm der zwanziger Jahre einen veritablen Fehlstart hinlegte. Den Flugzeughersteller allerdings traf daran, wie schon bei GA-1 und GA-2, die geringste Schuld. Das U.S. Post Office hatte 1925 eine Ausschreibung für einen Nachfolger der DH-4 veröffentlicht. Die umgerüsteten Militärflugzeuge wurden immerhin bereits seit 1918 für die Beförderung von Luftpost genutzt und waren inzwischen längst veraltet. Ihre wassergekühlten Liberty-Motoren waren zwar technisch mindestens ebenso überholt, weil aber noch so viele davon auf Lager waren, sollten sie auch als Antrieb eines künftigen Postflugzeugs dienen. Obwohl bereits etwa gleich starke, luftgekühlte und vor allem leichtere Alternativantriebe zur Verfügung standen, musste Boeing das Model 40, das neben einem Piloten etwa 450 Kilogramm Post zu befördern vermochte und mit dem sich das Unternehmen auf die Ausschreibung hin bewarb, um den 400 PS starken Liberty herum entwerfen. Zwar kaufte die Regierung den Prototypen, doch nachdem der sich in der Erprobung erwartungsgemäß als übergewichtig und unhandlich erwies, blieben Folgebestellungen aus. Andere Kunden für Postflugzeuge gab es in jenen Jahren nicht, so dass Boeings erster ziviler Entwurf seit fünf Jahren zunächst wieder in der Versenkung verschwand.

Allerdings nicht für lange. In der ersten Hälfte der zwanziger Jahre gab es in den riesigen Vereinigten Staaten noch keinen kommerziellen Luftverkehr. Fluggäste wurden fast ausschließlich für Rundflüge mit an Bord genommen, und die Postbeförderung lag über das U.S. Post Office Department in den Händen des Staates, der dafür auf Piloten aus den Reihen der Streitkräfte zurückgriff. Doch das änderte sich mit einem 1925 vom damaligen US-Präsidenten Calvin Coolidge unterzeichneten Gesetz, das die Übergabe existierender Post-Linien an private Betreiber vorsah. Zunächst wurden 1926 regionale Zubringerdienste privatisiert, ein Jahr später folgten auch die großen transkontinentalen Linien. Claire Egtvedt hatte sich bereits Gedanken über eine Luftpostverbindung zwischen Seattle und dem kanadischen Vancouver gemacht, als Eddie Hubbard mit einer deutlich ambitionierteren Idee bei ihm vorstellig wurde. Hubbard war durch seine Postfliegerei frühzeitig über die anstehende Ausschreibung der Strecke San Francisco – Chicago informiert und überzeugt, dass Boeing sich dafür bewerben sollte. Egtvedt reagierte zunächst skeptisch und äußerte Bedenken wegen der notwendigen Überquerung der Rocky Mountains, ganz besonders bei Nacht, doch Hubbard schlug vor, alle 25 Meilen (40 Kilometer) Leuchtfeuer zu installieren. Überraschenderweise zeigte sich auch

William Boeing anfangs wenig begeistert, als Hubbard und Egtvedt ihm ihren nun gemeinsamen Vorschlag präsentierten. Seine Frau soll ihn in einem nächtlichen Gespräch von der Idee überzeugt haben. Wie dem auch sei, am nächsten Morgen gab Bill Boeing grünes Licht. Das geeignete Flugzeug zu finden war leicht. Als Ausgangsmuster diente das Model 40 von 1925, das nun einen luftgekühlten, 420 PS starken Wasp-Motor von Pratt & Whitney erhielt. Der war mehr als 100 Kilogramm leichter als die wassergekühlten Antriebe konkurrierender Postflugzeuge, so dass das Model 40A die stattliche Last von 545 Kilogramm Post zu transportieren vermochte. Das wiederum gestattete es Boeing, ein konkurrenzlos günstiges Angebot für die Postbeförderung abzugeben und die Ausschreibung für die San-Francisco-Chicago-Verbindung mit Leichtigkeit zu gewinnen. Tatsächlich war das Angebot so niedrig, dass es ernstliche Zweifel bei den Post-Verantwortlichen hervorrief. Doch Boeing Air Transport (BAT), so der Name des eigens gegründeten Unternehmens, das unter Führung von Phil Johnson am 1. Juli 1927 seinen Dienst aufnahm, bewies schnell, dass die Kalkulation aufging. Zumal der jungen Fluggesellschaft eine zusätzliche Einnahmequelle zur Verfügung stand: Das Model 40A verfügte nämlich neben dem Postabteil noch über eine geschlossene Kabine für zwei Passagiere. Der Pilot dagegen war in seinem offenen Cockpit nach wie vor Wind und Wetter ausgesetzt, wie es bei vielen Verkehrsflugzeugen jener Zeit üblich war.

Das neue Muster, von dem 24 Exemplare an BAT und eines an Pratt & Whitney geliefert wurden, war ein großer Erfolg. 1928 entstand das weitgehend identische Model 40C, das vor allem von der von Boeing Air Transport übernommenen Pacific Air Transport eingesetzt wurde und sogar vier Passagieren – allerdings nicht übermäßig viel – Platz bot. Die Bezeichnung 40B erhielten jene Model 40A, die später auf den 525 PS starke Hornet-Motor von Pratt & Whitney umgerüstet wurden. Die größten Stückzahlen erreichte jedoch das Model 40B-4, das am 5. Oktober 1928 zum ersten Mal flog und im Wesentlichen den Rumpf der 40C mit dem Antrieb der 40B kombinierte. Es vermochte vier Passagiere sowie 227 Kilogramm Fracht über eine Entfernung von 860 Kilometern zu befördern und wurde als erstes Boeing-Flugzeug mit einem Funkgerät ausgerüstet.

Das erste echte Verkehrsflugzeug

Wenngleich das Model 40 in erster Linie für die Postbeförderung konzipiert worden war, erwies sich der Personentransport doch als so einträgliches Nebengeschäft, dass Boeing Gefallen an der Idee fand und beschloss, erstmals ein echtes Verkehrsflugzeug zu entwickeln. Dass die Zeit

Philip G. Johnson

Der 1894 geborene Philip Johnson kam 1917 als junger Ingenieur direkt von der Universität zu Boeing und stieg schon bald zum Produktionsleiter auf. 1926 wurde er zum President ernannt, später leitete er zunächst United Air Lines und dann die gesamte United Aircraft and Transport Company. Nach deren Auflösung ging er nach Kanada, kehrte aber 1939 als President zur Boeing Airplane Company zurück, die er bis zu seinem plötzlichen Tod am 14. September 1944 leitete.

Ende der zwanziger, Anfang der dreißiger Jahre war Boeing nicht nur als Flugzeughersteller, sondern auch im Airline-Geschäft erfolgreich.

Das Model 80 war als erstes „echtes" Boeing-Verkehrsflugzeug von vornherein für die Beförderung von Passagieren konzipiert. Die Version 80A-1 bot 18 Fluggästen Platz.

Das vorletzte Model 80A wurde unter der neuen Bezeichnung Model 226 als Firmenflugzeug an die Standard Oil Company ausgeliefert.

reif dafür war, zeigen auch die etwa zeitgleich bei anderen Herstellern entstandenen vergleichbaren Muster. Während Ford TriMotor, Junkers W33 und W34 oder Fokker F.VII nur noch eine Tragfläche besaßen, entschieden sich beispielsweise Curtiss bei der Condor oder Handley Page bei der H.P.42 für eine klassische Doppeldecker-Auslegung. Auch Boeings Model 80 war grundsätzliche ein konventionelles Flugzeug mit zwei Tragflächen und einem Rumpf aus Stahlrohren mit Stoffbespannung. Die „inneren Werte" des in vier Exemplaren gebauten Musters konnten sich dagegen durchaus sehen lassen: Für die bis

zu zwölf Passagiere standen Ledersitze zur Verfügung. Zudem gab es Hutablagen, individuelle Leselampen, ein Belüftungssystem und fließend warmes und kaltes Wasser, weshalb das Flugzeug in Anlehnung an die berühmten komfortablen Eisenbahnwagen auch als „Pullman der Lüfte" galt.

Die Piloten saßen erstmals in einem geschlossenen Cockpit, ein Umstand, der anders, als man aus heutiger Sicht vermuten würde, keinesfalls auf ungeteilte Zustimmung stieß. Wenig Begeisterung rief auch die Motorisierung hervor, denn die drei jeweils 410 PS leistenden Pratt & Whitney Wasp waren für ein Flugzeug dieser Größe eindeutig unterdimensioniert, weshalb das Model 80 in der Luft sogar langsamer war als das einmotorige Vorgängermuster. Abhilfe schaffte der 525 PS starke Hornet-Motor, der für das Model 80A ausgewählt wurde. Zur Verbesserung der Aerodynamik wurde die Kontur des Rumpfbugs verändert, und die äußeren Motoren erhielten stromlinienförmige Verkleidungen, die allerdings schon bald nach Indienststellung wieder entfernt wurden. Veränderungen gab es auch in der Wahl der Materialien, denn einige der runden Stahlrohre in Rumpf und Tragflächen wurden durch quadratische Rohre aus Aluminium ersetzt.

Der neue Antrieb sorgte nicht nur für verbesserte Flugleistungen; er gestattete darüber hinaus den Einbau von

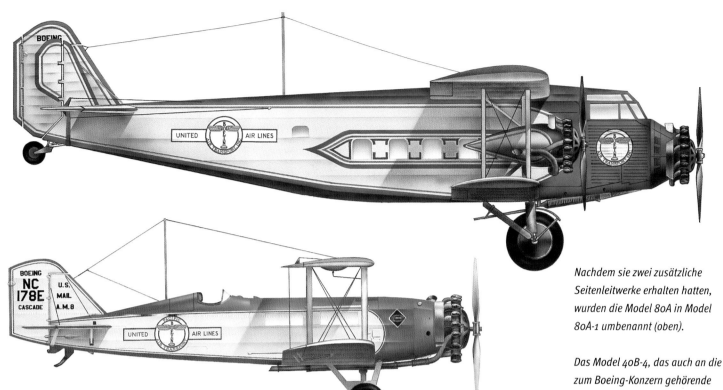

Nachdem sie zwei zusätzliche Seitenleitwerke erhalten hatten, wurden die Model 80A in Model 80A-1 umbenannt (oben).

Das Model 40B-4, das auch an die zum Boeing-Konzern gehörende Pacific Air Transport ausgeliefert worden war, verfügte über eine Kabine für vier Fluggäste (links).

sechs zusätzlichen Passagiersitzen in einem verlängerten Rumpf. Zudem gab es im Heck der Kabine noch einen Notsitz – für die Stewardess, eine absolute Novität an Bord US-amerikanischer Flugzeuge. Männliche Flugbegleiter hatte es auch vorher schon gegeben, aber Boeing Air Transport engagierte erstmals weibliches Kabinenpersonal – ausgebildete Krankenschwestern, die sich um das körperliche und seelische Wohlbefinden der Passagiere während der trotz allen Komforts immer noch anstrengenden Luftreise kümmern sollten.

Zwar wurde mit dem Bau von insgesamt zwölf Model 80A begonnen, doch stellte Boeing nur zehn Flugzeuge tatsächlich unter dieser Bezeichnung fertig. Die Nummer elf wurde von der Standard Oil Company of California erworben, umfassend modifiziert und für die Beförderung hochrangiger Firmenvertreter eingesetzt. Der Umbau von Boeing-Verkehrs- zu Geschäftsreiseflugzeugen ist also keine Erfindung des Jetzeitalters, sondern hat bereits eine lange Tradition. Die Sitzplatzzahl wurde zugunsten eines höheren Treibstoffvorrats reduziert; größere Fenster und Radverkleidungen bedeuteten zudem so erhebliche Veränderungen an Struktur und Aerodynamik, dass das Einzelstück die neue Modellnummer 226 erhielt.

Das zwölfte und letzte Exemplar schließlich erhielt als Model 80B auf den bereits erwähnten Wunsch vieler Piloten hin ein offenes Cockpit. Der Wind, der den Flugzeugführern dabei um die Ohren pfiff, und die zwischenzeitlich gemachten Erfahrungen mit den Vorzügen eines rundum geschlossenen Arbeitsplatzes sorgten aber schon bald dafür, dass letztlich auch dieses Flugzeug auf den Stand eines Model 80A-1 umgerüstet wurde. Diese

Bezeichnung trugen die ursprünglichen zehn Model 80A, nachdem sie zwei zusätzliche Seitenleitwerke und -ruder erhalten hatten. Aufgrund des höheren Leergewichts musste allerdings der Treibstoffvorrat an Bord reduziert werden, mit entsprechenden Auswirkungen auf die Reichweite.

Mit insgesamt nur 16 produzierten Exemplaren war das Model 80 schon in jenen Jahren, als die Stückzahlen noch bedeutend niedriger lagen als heute, kein echter Verkaufsrenner mehr. Die Zeichen mehrten sich, dass die Ära der Doppeldecker im Flugzeugbau langsam, aber sicher ihrem Ende entgegen ging.

Stewardessen wurden erstmals an Bord der Model 80A von Boeing Air Transport eingesetzt. Sie waren ausgebildete Krankenschwestern, die sich um das körperliche und seelische Wohlbefinden der Passagiere kümmern sollten.

Moderne Zeiten

Das Model 247, das erste wirklich moderne Verkehrsflugzeug, war Segen und Fluch für Boeing zugleich.

Seite 18/19: Planwagen und Maultiergespanne waren 1933 längst nicht mehr erste Wahl, wenn es galt, größere Entfernungen zu überbrücken. Diese Aufgabe sollte schon bald das Flugzeug übernehmen, und die Boeing 247 hatte daran großen Anteil. Als erstes wirklich modernes Verkehrsflugzeug machte sie schnelle und komfortable Luftreisen möglich.

Boeing baute insgesamt 25 Exemplare des Post- und Frachtflugzeugs Model 95, von denen vier an Western Air Express geliefert wurden.

Parallel zur Entwicklung der Modelle 40B-4 und 80 entstand bei Boeing das Model 95, ein einsitziger Doppeldecker, der ausschließlich für den Post- und Frachttransport konzipiert war. Der Entwurf ähnelte mit seinem hinter dem Frachtraum platzierten offenen Cockpit und dem Hornet-Motor äußerlich sehr einem Model 40 ohne Passagierkabine. Allerdings wurden für den Bau des Rumpfes keine geschweißten Stahlrohre mehr verwendet, sondern statt dessen verschraubte Aluminiumrohre, ein Konstruktionsprinzip, das Boeing bei den beiden Prototypen Model 83 und 89, aus denen die in 586 Exemplaren gefertigten Jagdflugzeuge P-12 und F4B hervorgehen sollten, erstmals in großem Umfang eingesetzt hatte. Insgesamt 25 Model 95 wurden gebaut und zwischen dem 18. Januar und dem 8. Mai 1929 ausgeliefert. Vier davon gingen an Western Air Express, 20 an Boeing Air Transport und eines an National Air Transport. Ein Model 95 wurde zu einem Zweisitzer umgebaut und für eine Reihe von Langstreckenflügen über den Kontinent genutzt, bei denen das Flugzeug von modifizierten Model 40B-4 oder Douglas C-1 über einen Schlauch in der Luft betankt wurde.

Alles unter einem Dach

Ende der zwanziger Jahre spielten William Boeings Unternehmen ohne Zweifel bereits eine bedeutende Rolle innerhalb der Luftfahrtindustrie der Vereinigten Staaten. Am 30. Oktober 1928 wurden die Aktivitäten von Boeing Airplane Company, Boeing Air Transport und Pacific Air Transport unter dem Dach der Boeing Aircraft and Transport Company zusammengeschlossen. Diese Holding, die

am 1. Februar 1929 in United Aircraft and Transport Corporation umbenannt wurde, wuchs nicht zuletzt bedingt durch die langjährige Freundschaft zwischen Bill Boeing und Pratt & Whitney-Chef Frederick Brant Rentschler rasch um weitere Unternehmen und umfasste schon bald neben der Boeing Airplane Company und ihrem im März 1929 erworbenen Tochterunternehmen Hamilton Metalplane Company noch Boeing Air Transport, Pacific Air Transport, den Flugzeugproduzenten Chance Vought Corporation, den Propellerhersteller Hamilton Aero Manufacturing Company sowie die Pratt & Whitney Aircraft Company. Jedes Unternehmen behielt seine eigene Identität und führte seine Aktivitäten, die sich ohnehin mit denen der anderen praktisch nicht überschnitten, selbständig weiter. Daran änderte sich auch nichts, als die United Aircraft and Transport Corporation noch um den Amphibienflugzeug-Hersteller Sikorsky Aviation Corporation, die in Wichita beheimatete Stearman Aircraft Company sowie einen weiteren Produzenten von Luftschrauben, die Standard Steel Propeller Company, erweitert wurde. Zu den Fluggesellschaften innerhalb der Holding stießen in rascher Folge neben der bereits erwähnten National Air Transport noch Stout Airlines sowie Varney Air Lines. Um die zunehmenden Aktivitäten auf dem Gebiet der Personen- und Postbeförderung besser koordinieren zu können, wurde am 28. März 1931 die United Air Lines, Inc. ins Leben gerufen.

Bill Boeing und Fred Rentschler mochte die Idee, Hersteller und Fluggesellschaften unter einem Dach zu vereinen, gefallen haben und angesichts des ständig wachsenden Luftverkehrs sinnvoll erschienen sein; anderswo sah man diese Konzentration von Luftfahrt-Aktivitäten mit Unbehagen. Eine Reihe neuer Gesetze, allen voran der so genannte Air Mail Act, der Flugzeug- und Flugmotorenherstellern die Beteiligung an Fluggesellschaften untersagte, führte bereits 1934 wieder zu einer Aufspaltung der United Aircraft and Transport Corporation. Pratt & Whitney, Vought, Sikorsky und die inzwischen fusionierte Hamilton Standard Propeller Company gingen in der United Aircraft Corporation auf, der Keimzelle der heutigen United Technologies Corporation (UTC). Aus Boeing Air Transport, Pacific Air Transport, National Air Transport, Varney Air Lines sowie der Boeing School of Aeronautics entstand die United Air Lines Transport Corporation (ab Juli 1934: United Airlines Transport Corporation), und die Boeing Airplane Company wurde wieder ein eigenständiges Unternehmen mit Stearman als Tochtergesellschaft. Claire Egtvedt, der 1933 die Führung der Boeing Airplane Company übernommen hatte, nachdem Phil Johnson President der United Aircraft and Transport Corporation geworden war, blieb weiterhin President und übernahm

ein Jahr später auch den Posten des Chairmans. Denn der Mann, der das inzwischen zu einem der bedeutendsten US-Flugzeughersteller aufgestiegene Unternehmen 18 Jahre zuvor gegründet hatte, trat wohl auch aus Enttäuschung über die Aufspaltung der United Aircraft and Transport Corporation von seinem Posten als Chairman of the Board zurück, verkaufte seine Anteile und widmete sich für den Rest seines Lebens seinen Hobbys. Mit der nach ihm benannten Firma hatte William E. Boeing von da an nur noch den Namen gemein. Phil Johnson verließ das Unternehmen ebenfalls, nachdem der Air Mail Act eine Weiterbeschäftigung bisheriger Airline-Führungskräfte untersagte, und ging vorübergehend nach Kanada, wo er bei der Gründung der Trans-Canada Airlines behilflich war.

Moderne Konzepte

Doch bevor es dazu kam, entstanden bei Boeing noch mehrere Entwürfe für militärische und zivile Anwendungen, die zwar größtenteils nicht über das Prototypenstadium hinauskamen, aber letztlich die Basis bildeten für die herausragende Rolle, die das Unternehmen spätestens ab dem Zweiten Weltkrieg unter den US-amerikanischen Flugzeugherstellern einnahm. Bis 1929 hatte Boeing, ebenso wie die meisten der Konkurrenten, Flugzeuge gebaut, deren Konstruktionsprinzipien nur wenig von denen abwichen, die während der Jahre 1914 bis 1918 entwickelt und perfektioniert worden waren. Das lag nicht zuletzt daran, dass die in solchen Dingen traditionell eher konservativen Streitkräfte als wichtigste Kunden in ihren Ausschreibungen unter anderem immer wieder zwei Trag-

flächen verlangten. Dagegen hatte beispielsweise Junkers schon im Ersten Weltkrieg Ganzmetallflugzeuge mit unverstrebten Tragflächen entwickelt und sich in der Folgezeit vom Prinzip des Doppeldeckers komplett verabschiedet. Eine F13 von 1919 war daher ohne Zweifel in vielen Punkten schon moderner als ein Model 40 von 1927, aber die Rahmenbedingungen für die beiden Hersteller – in Deutschland war der Bau von Militärflugzeugen lange Zeit verboten, während Boeing in diesem Segment einen Großteil des Umsatzes erzielte – waren eben auch nicht vergleichbar. So betrat das Unternehmen aus Seattle, betrachtet man den damaligen Stand des Flugzeugbaus weltweit, zwar keineswegs Neuland, als es auf eine Ausschreibung der Army hin das Model 96 entwickelte, wagte sich aber angesichts der bis dahin gesammelten eigenen Erfahrungen durchaus auf weitgehend unbekanntes Terrain vor. Viele der bei diesem Flugzeug angewandten Konstruktionsprinzipien gehörten schon bald zum Standard.

Der Bereich des Rumpfes hinter dem Fahrwerk entstand in Schalenbauweise, bei der die Beplankung aus Duraluminium einen Teil der Lasten aufnahm, der Vorderrumpf dagegen bestand noch konventionell aus geschweißten Stahlrohren mit Blechverkleidung. Das Leitwerk wurde ursprünglich wie bei der P-12/F4B aus Wellblech gefertigt, und überhaupt erinnerte das Flugzeug in vielem an eine P-12, der man eine Tragfläche entfernt hatte. Der nach wie vor stoffbespannte und verstrebte Flügel saß direkt vor dem Cockpit auf dem Rumpf, was das Sichtfeld des Piloten erheblich einschränkte und neben den nicht befriedigenden Flugeigenschaften dazu beitrug, dass es schließlich doch nicht zu einer Serien-

Claire Egtvedt (1892 – 1975) wurde 1917 von Bill Boeing von der Universität weg für sein junges Unternehmen angeheuert und stieg 1926 zum Vice President und General Manager auf. Von 1933 bis 1939 und nach Philip Johnsons Tod noch einmal von 1944 bis 1945 leitete er als President die Geschicke des Unternehmens, das sich in dieser Zeit verstärkt dem Bau größerer Flugzeuge zuwandte. Nach Bill Boeings Rückzug im Jahr 1934 übernahm Egtvedt zunächst interimsweise und dann ab 1939 endgültig die Position des Chairman, die er bis zu seinem Rückzug ins Privatleben 1966 innehatte.

Mit der Boeing 247 erhielt United Air Lines das modernste Verkehrsflugzeug seiner Zeit.

*Das Model 200 „Monomail"
wurde als Postflugzeug entwickelt,
später aber zum Model 221A für die
Beförderung von bis zu
acht Fluggästen auf den
Transkontinentalstrecken von
Boeing Air Transport umgerüstet.
Zu einer Serienfertigung kam es
nicht, was nicht zuletzt daran lag,
dass noch keine Verstellpropeller
zur Verfügung standen, die
erforderlich gewesen wären, um das
dank der ausgefeilten Aerodynamik
mögliche Leistungspotential des
Entwurfs auszuschöpfen.*

fertigung des von der Army als XP-9 bezeichneten Musters kam.

Das Model 96 war der erste Eindecker, dessen Bau bei Boeing in Angriff genommen wurde, doch aufgrund einer Verschiebung des geplanten Auslieferungstermins nicht der erste, der auch tatsächlich flog. Diese Ehre blieb dem Model 202 vorbehalten, das im Januar 1930 zum Jungfernflug startete. Mit Ausnahme der entfernten unteren Tragfläche und der erforderlichen Verstrebungen für die verbliebene obere Tragfläche wurde die äußere Form der P-12/F4B-Serie beibehalten, allerdings erhielt das Flugzeug einen komplett aus Metall gefertigten Rumpf. Die geringere Flügelfläche wirkte sich jedoch nachteilig auf die Leistungen aus, weshalb die Modelle 202 (Army-Bezeichnung XP-15) und 205 (als XF5B an die Navy geliefert) Einzelstücke blieben.

Dasselbe gilt auch für zwei weitere Entwicklungen des Jahres 1930, denen allerdings weniger mangelnde Flugeigenschaften zum Verhängnis wurden als vielmehr der Umstand, dass sie ihrer Zeit oder besser den technischen Möglichkeiten ihrer Zeit voraus waren. Die Modelle 200 und 221, gemeinhin unter dem treffenden Namen „Monomail" bekannt, waren komplett aus Metall, verfügten über freitragende Flügel ohne jede Verstrebung, eine aerodynamische Motorverkleidung – den Antrieb lieferte ein 575 PS starker Hornet von Pratt & Whitney – sowie ein fast vollständig einziehbares Fahrwerk. Doch während

das Model 200 ein reines Postflugzeug war, verfügte das Model 221 über eine Kabine für sechs Passagiere, die – und in diesem Punkt war der ansonsten revolutionäre Entwurf dann doch wieder sehr konservativ – wie schon beim Model 40 auf Höhe des Flugzeugschwerpunkts vor dem nach wie vor offenen Cockpit platziert war. Nach einer Verlängerung des Rumpfes bot das nun als Model 221A bezeichnete Muster schließlich sogar Platz für acht Fluggäste. Auch das Model 200 wurde später entsprechend umgerüstet, und beide Flugzeuge flogen auf dem Streckennetz von Boeing Air Transport, wobei das erste Exemplar zwischenzeitlich für Versuchsflüge unter anderem mit einem stromlinienförmig verkleideten starren Fahrwerk genutzt wurde. Das grundsätzliche Problem der „Monomails" konnte allerdings auch diese Modifikation nicht lösen. Denn um das wahre Potential zu nutzen, das dank der sauberen aerodynamischen Linienführung in den Flugzeugen steckte, hätte es eines verstellbaren Propellers bedurft, der damals noch nicht zur Verfügung stand. Daher konnte der Anstellwinkel der Propellerblätter nur am Boden justiert werden, so dass eine hohe Reisegeschwindigkeit zu Lasten guter Starteigenschaften ging beziehungsweise kurze Startstrecken mit einem niedrigen Tempo im Reiseflug erkauft wurden.

Die grundsätzlich positiven Erfahrungen mit dem Eindecker-Konzept und dem einziehbaren Fahrwerk bewogen Boeing, auf eigene Kosten zwei Prototypen eines zweimotorigen Bombers mit den Bezeichnungen Model 214 und 215 zu entwickeln. Sie unterschieden sich voneinander nur durch den verwendeten Antrieb. Das Model 215, das zuerst und im Übrigen in ziviler Bemalung und mit zivilen Markierungen flog, erhielt zwei Hornets von Pratt & Whitney, das Model 214 wurde anfänglich mit dem flüssiggekühlten Curtiss GIV-1570 aus- und später ebenfalls auf das Hornet umgerüstet. Als erstes US-amerikanisches Flugzeug verfügte die B-9, wie der Bomber von der Army genannt wurde, über so genannte Servo Tabs, aerodynamische Hilfsflächen am Seitenruder, die die von den Piloten aufzubringenden Steuerkräfte reduzierten und in der Folge für viele Jahre bei größeren Flugzeugen zum Standard gehören sollten.

Die B-9 erwies sich als schneller als zeitgenössische Doppeldecker-Jagdflugzeuge, obwohl vier der fünf Besatzungsmitglieder in offenen Cockpits saßen und die Bombenlast aufgrund des schmalen Rumpfes extern angebracht werden musste. Boeing rechnete daher fest mit einer Bestellung durch die Army, als mit der B-10 von Martin ein Konkurrenzprodukt auftauchte, das zwar aus heutiger Sicht ebenfalls keine Schönheit darstellte, aber der B-9 in vielen Punkten überlegen war.

Revolutionäre Entwicklung

Unter kommerziellen Gesichtspunkten mochten diese Entwicklungen allesamt Fehlschläge gewesen sein; technologisch brachten sie Boeing voran, und die Erfahrungen mit den Modellen 96, 200/221 und 214/215 flossen nun in einen Entwurf, der den kommerziellen Luftverkehr revolutionieren sollte. Das Model 247 war das erste wirklich moderne Verkehrsflugzeug: so stromlinienförmig wie möglich konzipiert, vollständig aus Metall gefertigt und mit Einziehfahrwerk, Enteisungsvorrichtungen sowie – ab

Mit ihrer eleganten und aerodynamischen Formgebung sowie den freitragenden Flügeln unterschied sich die Boeing 247 deutlich von den bis dahin in den USA eingesetzten Passagierflugzeugen. Die waren – so wie die Ford TriMotor oder die Boeing 80 – in der Regel noch recht schwerfällige Doppeldecker.

Der 1881 in Detroit als Sohn eines deutschen Einwanderers geborene William Boeing machte sich 1903 im Nordwesten der USA im Holzgeschäft selbstständig. 1916 gründete er die Pacific Aero Products Company, die ein Jahr später in Boeing Airplane Company umbenannt und in den Folgejahren zu einem der wichtigsten Flugzeughersteller in den Vereinigten Staaten wurde. Bereits 1922 zog er sich aus dem Tagesgeschäft zurück und fungierte fortan als Chairman of the Board (Verwaltungsratsvorsitzender). Nach der von der Regierung erzwungenen Aufspaltung der United Aircraft and Transport Corporation trat er 1934 auch von diesem Amt zurück und verkaufte alle Firmenanteile. Er starb 1956.

dem Model 247D – verstellbarem Propeller versehen. Das neue Muster bot zwar nur zehn Passagieren Platz und war damit kleiner als die dreimotorigen Flugzeuge von Boeing, Fokker und Ford, die es ersetzen sollte, dafür lag die Reisegeschwindigkeit um ungefähr 100 Stundenkilometer höher, was die Reisezeit auf transkontinentalen Flügen trotz der nach wie vor erforderlichen Zwischenlandungen drastisch auf weniger als 20 Stunden reduzierte. Mit seiner eleganten Linienführung hob sich das Model 247 auch optisch von ihren doch recht klobig wirkenden Vorgängern ab. Die äußerliche Eleganz hatte allerdings ihren Preis: Die beiden Flügelholme verliefen direkt über dem Fußboden quer durch die Kabine und verlangten Kletterübungen von den Passagieren und der Stewardess.

Die Vorzüge des neuen Musters waren so offensichtlich, dass es praktisch vom Reißbrett weg verkauft wurde. Einen Prototypen im eigentlichen Sinne gab es gar nicht, bereits das erste Flugzeug, das am 8. Februar 1933 zum Jungfernflug startete, wurde im Liniendienst eingesetzt. Insgesamt 75 Exemplare wurden gebaut, die ersten 61 davon mit einer Ausnahme als Standard-Model-247, die übrigen 14 als Model 247D. Die Ausnahme war das Model 247A, das als Testflugzeug und zur Beförderung des Managements von Pratt & Whitney diente. Es verfügte über eine Kabine für nur sechs Fluggäste und die deutlich leistungsstärkeren Twin-Wasp-Jr.-Motoren mit jeweils 625 PS, während die normalen 247 von 550 PS leistenden Wasp angetrieben wurden. Obwohl die Wasp-Motoren der 247D mit nur 500 Pferdestärken auskommen mussten, war diese Version im Reiseflug um etwa 70 Stundenkilometer schneller als die ursprüngliche Variante. Die endlich zur Verfügung stehenden hydraulisch verstellbaren Dreiblatt-Propeller machten es möglich. Äußerlich

unterschied sich die D-Variante vor allem durch die Frontscheibe, die nun nicht mehr nach vorn geneigt war. Andere Veränderungen betrafen die Ruder, die statt zuvor komplett aus Metall jetzt stoffbespannt waren, sowie abermals die Motoren, die statt der Widerstand verringernden Ummantelung („drag ring") eine vollständige Verkleidung erhielten. Bis auf wenige Exemplare wurden später alle 247 auf 247D-Standard umgerüstet, wobei die ursprüngliche Windschutzscheibe allerdings in einigen Fällen erhalten blieb.

Zu den Betreibern des modernsten Verkehrsflugzeugs seiner Zeit gehörte auch eine Fluggesellschaft, die man nicht notwendigerweise unter den Kunden eines US-amerikanischen Herstellers erwartet hätte. Mit den Kennzeichen D-AGAR und D-AKIN setzte die Lufthansa ab April 1934 zwei Model 247 ein, nicht zuletzt um herauszufinden, auf welchem technischen Stand die Luftfahrtindustrie in den Vereinigten Staaten war. Interessanterweise verfügten die Lufthansa-Flugzeuge, obwohl eigentlich zur Grundversion gehörend, über die nach hinten geneigte Frontscheibe der späteren Version 247D.

Wichtigster Kunde war allerdings – wenig überraschend – United Air Lines, die 60 Flugzeuge bestellt hatte. Dank dieses Großauftrags war zwar die Produktion für einige Zeit gesichert, dafür mussten sich andere interessierte Fluggesellschaften nach Alternativen umsehen. Die noch junge TWA beispielsweise wollte ebenfalls das Model 247 erwerben, man beschied ihr jedoch, sie müsse warten, bis der United-Auftrag abgearbeitet sei. Das tat sie selbstverständlich nicht, sondern wandte sich an Douglas, wo zu jener Zeit gerade die DC-1 entwickelt wurde. Der folgten schon bald die verbesserten und in Serie gefertigten Modelle DC-2 und DC-3, die mit ihrer größeren Passagierkapazität sowie der höheren Fluggeschwindigkeit der 247 schnell das Wasser abgruben. Die – allzu – engen Verbindungen innerhalb der United Aircraft and Transport Corporation machten sich hier eindeutig negativ bemerkbar, und das gleich in mehrfacher Hinsicht. Nicht nur, dass die hauseigene Fluggesellschaft United Air Lines quasi ein Vorkaufsrecht hatte. Boeing war zu jener Zeit derart auf Pratt & Whitney als Motorlieferant fixiert, dass der damals ganz neue Wright Cyclone R-1820 mit 575 PS, der sowohl in der Martin B-10 als auch in den Douglas DC-1/DC-2 zum Einsatz kam, gar nicht ernsthaft in Erwägung gezogen wurde. Ein solcher Antrieb wäre allerdings vermutlich ohnedies am Veto der United-Piloten gescheitert, die schon eine von Boeing vorgeschlagene größere 247-Alternative mit dem ebenfalls 575 PS leistenden Hornet-Motor abgelehnt und statt dessen auf den Einbau des bewährten, aber weniger leistungsstarken Wasp gedrängt hatten.

Das Model 247 bot zehn Passagieren Platz, die allerdings in der Kabine und nicht wie die beiden Damen auf diesem Foto im Frachtabteil untergebracht wurden.

Auch wenn das Model 247 wirtschaftlich längst nicht so erfolgreich war wie die nur wenig später entstandenen Konkurrenzprodukte von Douglas, so war sie doch ein Meilenstein auf dem Weg zum modernen, sicheren, schnellen und zuverlässigen Verkehrsflugzeug. Die Leistungsfähigkeit des Musters bewies eine für das MacRobertson-Flugrennen von England nach Australien modifizierte 247D, die mit der Besatzung Roscoe Turner und Clyde Pangborn und einer Zeit von knapp unter 93 Stunden das zweitschnellste Verkehrsflugzeug im Teilnehmerfeld war – geschlagen nur von der DC-2 der niederländischen KLM! Einige Exemplare der 247 standen auch beim Ausbruch des Zweiten Weltkriegs noch im Einsatz, und 27 Boeing 247D wurden ab 1942 unter der militärischen Bezeichnung C-73 vom US Army Air Corps eingesetzt. Zwei Jahre später wurden sie ausgemustert und flogen noch einige Jahre bei privaten Betreibern oder kleineren Fluggesellschaften. Ein hervorragend restauriertes und flugfähiges Exemplar in United-Air-Lines-Lackierung ist heute im Museum of Flight in Seattle zu sehen.

Zeitreise – 1928 bis 1933	
30.10.1928	Gründung der Boeing Airplane and Transport Corp.
29.12.1928	Erster Flug des Postflugzeugs Model 95
01.02.1929	Umbenennung von Boeing Airplane and Transport Corp. in United Aircraft and Transport Corp.
06.05.1930	Erstflug des Model 200 „Monomail"
28.03.1931	Gründung von United Air Lines
08.02.1933	Jungfernflug des Model 247
30.03.1933	Erste Auslieferung der 247 an Boeing Air Transport

Ab April 1934 setzte Lufthansa zwei Boeing 247 ein (links). Die Flugzeuge wurden 1935 beziehungsweise 1937 bei Unfällen zerstört.

1931 wurden die Fluggesellschaften innerhalb der United Aircraft and Transport Corp. unter der neuen Dachmarke United Air Lines zusammengefasst (unten).

Die ersten „Jumbos"

Schon vor dem Zweiten Weltkrieg gab es
regelmäßige Transatlantik-Flüge
mit dem Riesen-Flugboot Boeing 314.

Vermutlich ist die Reise an Bord eines normalen Linienflugzeugs niemals angenehmer gewesen als in der kurzen Zeitspanne, in der die Boeing 314 ihren Dienst versah. Diese Aufnahme illustriert anschaulich, wie komfortabel und stilvoll die Passagiere, die sich für die Mahlzeiten oftmals eigens umzogen, an Bord der 314 speisten.

Seite 26/27: Selbst an Land bot die Boeing 314, die als Flugboot nun einmal in der Luft oder auf dem Wasser zu Hause war, noch einen majestätischen Anblick.
1951 oder 1952 wurde die letzte Boeing 314 verschrottet, so dass heute leider kein Exemplar dieses zweifellos größten und komfortabelsten, vermutlich auch elegantesten Flugboots seiner Zeit mehr existiert.

Zwar beschäftigt sich dieses Buch grundsätzlich mit den Boeing-Verkehrsflugzeugen und lässt die sonstigen Aktivitäten des Unternehmens weitgehend außer Acht. Dennoch sind in diesem und dem nächsten Kapitel gelegentliche längere „Ausflüge" zu den Militärflugzeugen unvermeidlich, weil sämtliche zivilen Projekte der gut zwei Jahrzehnte ab 1934 – vom Flugboot 314 bis zum ersten Jet 707 – untrennbar mit militärischen Programmen verknüpft waren.

Nach der Aufspaltung der United Aircraft and Transport Corporation im Jahr 1934 stand der neue Boeing-Chef Claire Egtvedt vor einer schwierigen Aufgabe: Das Interesse der Fluggesellschaften am Model 247 hatte mit dem Auftauchen der DC-2 und DC-3 rasch nachgelassen. Und mit dem Auslaufen der P-26-Produktion, des ersten von Boeing in Serie gefertigten Eindecker-Jagdflugzeugs, mangelte es in Seattle an neuen Aufträgen. Die unmittelbare Folge war ein drastischer Abbau der Belegschaft von 1700 auf weniger als 700 Mitarbeiter.

Der Erfolg der DC-3 hatte Egtvedt schmerzlich vor Augen geführt, dass es besser gewesen wäre, das Model 247 mit mehr als zehn Sitzen auszustatten, zumal der Ingenieur in ihm schon immer ein Faible für große Flugzeuge gehabt hatte. In dieser Situation kam der Auftrag des Army Air Corps – eine eigenständige Luftwaffe gab es damals noch nicht – vom April 1934 für einen experimentellen Langstreckenbomber wie gerufen. Bei Boeing entstand daraufhin das Model 294, das die militärische Bezeichnung XB-15 erhielt und zum Zeitpunkt des Erstflugs am 15. Oktober 1937 das größte bis dahin in den USA produzierte Flugzeug war. Der mehr als 32 Tonnen schwere Gigant wies eine Spannweite von über 45 Metern auf, und die Tragflächen waren an den Wurzeln so dick, dass ein Besatzungsmitglied in ihrem Inneren zu den Triebwerksgondeln gelangen konnte. Anders als bei den vorangegangenen Eindeckern waren die Flügel der XB-15 hinter dem Hauptholm nicht mit Metall beplankt, sondern nur stoffbespannt. Zur zehnköpfigen Besatzung, für die im Übrigen wegen der großen Reichweite des Flugzeugs Schlafkojen vorgesehen waren, gehörten neben den beiden Piloten erstmals auch ein Flugingenieur, für den im Cockpit ein separater Arbeitsplatz zur Verfügung stand. Was dagegen nicht zur Verfügung stand, waren ausreichend starke Motoren. Die „Twin Wasp" R-1830-11 von Pratt & Whitney lieferten 1.000 PS Startleistung und 850 PS im Reiseflug, was für ein Flugzeug dieser Größe eindeutig zu wenig war. Die von Anfang an als Experimentalflugzeug geplante XB-15 blieb ein Einzelstück und wurde während des Zweiten Weltkriegs für Transportaufgaben eingesetzt.

Das größte Verkehrsflugzeug seiner Zeit

Dennoch war die Arbeit, die Boeing drei Jahre lang in das Model 294 gesteckt hatte, nicht umsonst. Zum einen kam sie einer anderen Bomberentwicklung, dem Model 299 (B-17) zugute, von dem später noch die Rede sein wird. Zum anderen bildete die XB-15 beziehungsweise Teile ihrer Struktur die Basis für das größte Verkehrsflugzeug seiner Zeit: das Model 314. Es entstand aus der Erkenntnis heraus, dass die Fluggesellschaften jener Jahre einzig das Flugboot zur Bedienung ihrer internationalen Verbindungen, die ja größtenteils über Wasser führten, in Erwägung zogen. In den Vereinigten Staaten war es allen voran Pan American, die mit Sikorsky-Flugbooten wie der S-40 und der S-42 sowie der Martin M-130 große Entfernungen überbrückte. Ihr Gründer Juan Trippe hatte den „fliegenden Booten" in Anlehnung an einen Segelschiffstyp des 19. Jahrhunderts den Beinamen „Clipper" oder „Flying Clipper" verliehen. Nun suchte Pan Am ein Flugzeug, das für den Transozeanverkehr bis nach China geeignet sein und den Passagieren dabei ein zuvor nicht gekanntes Maß an Komfort bieten sollte. Eine Aufgabe wie maßgeschneidert für Sikorsky oder Martin, doch Wellwood Beall, der sowohl ein guter Ingenieur als auch ein guter Verkäufer und in beiden Funktionen für Boeing tätig war, gelang es, seinen Chef Claire Egtvedt davon zu überzeugen, einen eigenen Entwurf ins Rennen zu schicken. Erbost darüber, dass Pan Am ein solches Angebot von Boeing überhaupt in Erwägung zog, verzichtete die Konkurrenz auf eigene Vorschläge, so dass die Fluggesellschaft 1936 schließlich sechs Model 314 mit einer Option auf weitere sechs Flugzeuge bestellte.

Für die „Clipper", wie sie natürlich ebenfalls genannt wurden, griffen Beall und sein Team auf die Tragflächen sowie die Motorverkleidungen der XB-15 zurück und kombinierten sie mit einem vergleichsweise konventionellen Bootsrumpf, ähnlich dem einer Martin M-130 oder eines Short-Empire-Flugboots. Als Antrieb dienten vier Wright GR-2600 Double Cyclone mit jeweils 1.500 PS Startleistung, deutlich mehr als noch bei der XB-15, aber immer noch nicht ganz nach dem Geschmack des Kunden, weshalb für die zweiten sechs Exemplare (die die Bezeichnung Model 314A erhielten) die Leistung noch einmal um 100 PS je Motor erhöht wurde. Der Rumpf verfügte über zwei Decks, wobei der obere Bereich der Crew und dem Gepäck vorbehalten war. Aus dem Cockpit früherer Flugzeuge war, wie schon bei der XB-15, ein Flugdeck geworden, das insgesamt sechs Besatzungmitgliedern Platz bot – neben den beiden Piloten waren dies ein Navigator, ein Funker, ein Flugingenieur und ein Kommandant, dessen Funktion der des Kapitäns auf einem Schiff ähnelte. Hinter dem Flugdeck befanden sich die Crew-Ruheräume. Auf dem unteren Deck waren die Passagiere untergebracht. Maximal 74 Fluggäste fanden auf kürzeren Strecken Platz, auf längeren Flügen konnte die Kabine mit 40 Schlafkojen, gelegentlich auch noch weniger, ausgestattet werden. Die Rumpfbreite von mehr als 3,80 Metern wurde erst 1969 von der Boeing 747 (!) übertroffen. Zu den Annehmlichkeiten an Bord gehörten ein Esszimmer, eine Cocktail Lounge und getrennte Toiletten/Umkleideräume

Trotz ihrer für die damalige Zeit riesigen Abmessungen war die 314 ein sehr elegantes Flugzeug. Ursprünglich hatten die Konstrukteure ein einzelnes Seitenleitwerk vorgesehen, das sich aber bei ersten Testflügen als zu klein erwies und durch die hier deutlich zu erkennende dreigeteilte Lösung ersetzt wurde.

für Männer und Frauen. Der Gipfel der Dekadenz, wenn man so will, war jedoch die Hochzeitssuite, auf die Beall besonders stolz war.

Angesichts der Tatsache, dass Boeing zuvor kein einziges Flugboot mit auch nur halbwegs vergleichbaren Dimensionen gebaut hatte und dass es – abgesehen von der kommerziell nicht erfolgreichen Dornier Do X – bis dahin überhaupt kein Flugboot in einer derartigen Größenordnung gegeben hatte, ist es erstaunlich, wie weitgehend problemlos die Entwicklung des Riesen verlief. Die einzige größere Veränderung, die nach dem Erstflug am 7. Juni 1938 vorgenommen werden musste, betraf Seitenleitwerk und -ruder, deren Flächen zu klein waren, um für ausreichende Richtungsstabilität zu sorgen. Boeing testet zunächst eine Konfiguration mit je einem Seitenleitwerk an den beiden Enden der Höhenflosse, entschied sich aber schließlich, noch ein zentrales Leitwerk (ohne Ruderfläche) hinzuzufügen.

Als letztes Boeing-Flugzeug wurde das Model 314 im ursprünglichen Werk 1 („Plant 1") gefertigt. Das heißt, nur der Rumpf wurde tatsächlich in den Hallen gebaut; für die Installation der riesigen Tragflächen war dort kein Platz, so dass diese Arbeiten im Freien stattfanden. Die ersten sechs Exemplare wurden Anfang 1939 an Pan Am ausgeliefert, und am 28. Juni des Jahres nahm die Fluggesellschaft den regelmäßigen Passagierflugdienst mit dem Model 314 auf, als die „Dixie Clipper" den Atlantik überquerte. Die „Dixie Clipper" kann zudem mit einigem Recht als „Air Force One" Nummer eins bezeichnet werden, denn Franklin D. Roosevelt, der als erster US-Präsi-

dent überhaupt das Flugzeug als Transportmittel nutzte, flog 1943 mit ihr zur Konferenz nach Casablanca.

Noch sechs weitere der Riesen-Flugboote wurden fertig gestellt. Sie erhielt aufgrund der bereits erwähnten höheren Startleistung, eines größeren Treibstoffvorrats und einer veränderten Kabinengestaltung die Bezeichnung Model 314A, und auch die ersten sechs Exemplare wurden schließlich auf den neuen Standard umgerüstet. Die erste Boeing 314A flog am 20. März 1941, und am 20. Januar des folgenden Jahres waren die Lieferungen abgeschlossen. Allerdings übernahm Pan American nur drei Flugzeuge, die restlichen wurden an die britische BOAC übergeben, die sie, mit Tarnfarben versehen, für Zivilflüge über den Atlantik einsetzte. Aber auch die Pan-Am-314 wurden „eingezogen". Fünf von ihnen gingen als B-314 an die Navy, die restlichen vier zunächst als C-98 an das Army Transport Command, ehe sie ebenfalls an die Navy überstellt wurden. Nach wie vor aber stammten die Besatzungen von Pan Am, und vier Flugzeuge wurden der Fluggesellschaft ohnehin leihweise wieder für ihr eigenes Streckennetz überlassen.

Nach dem Ende des Kriegs nahm Pan Am die Flugboot-Dienste nur kurzzeitig wieder auf, ehe sie ihre Verbindungen auf die neuen viermotorigen Landflugzeuge mit vergleichbaren Reichweiten und Kapazitäten, aber höheren Fluggeschwindigkeiten umstellte. Alle verbliebenen Pan-Am-314 (die „Yankee Clipper" verunglückte 1943 in Lissabon) und die drei 314 der BOAC wurden an US-Fluggesellschaften weiterverkauft, aber schon bald außer Dienst gestellt.

Die „Fliegende Festung"

Boeing hatte kaum mit den Arbeiten am Model 294 begonnen, als eine Ausschreibung des Army Air Corps für einen neuen mehrmotorigen Bomber auf den Tisch flatterte, der eine Bombenlast von etwa einer Tonne tragen und eine Geschwindigkeit von mindestens 320 Stundenkilometern sowie eine Reichweite von nicht weniger als 1.600 Kilometer aufweisen sollte. Mitte der dreißiger Jahre bedeutete „mehrmotorig" normalerweise, dass ein Flugzeug über zwei Triebwerke verfügte, weshalb auf den Zeichenbrettern der meisten Hersteller zweimotorige Entwürfe entstanden. Die Boeing-Ingenieure vermuteten daher wohl nicht zu Unrecht, dass angesichts der geringen Auswahl an geeigneten Motoren und der Vorgaben hinsichtlich Reichweite, Geschwindigkeit und Nutzlast dabei zwangsläufig Flugzeuge mit ziemlich ähnlichen Leistungsparametern herauskommen mussten. Wollte man sich von den Mitbewerbern absetzen, würde man deutlich bessere Leistungen liefern müssen, und das tunlichst mit der zu jener Zeit verfügbaren Technologie und

Plakate wie dieses sollten in den dreißiger und vierziger Jahren des 20. Jahrhunderts den Menschen die Fernreise per Flugzeug schmackhaft machen. Zu jener Zeit offerierten einzig Flugboote wie die Boeing 314 die Möglichkeit, mit vertretbarem Zeitaufwand zu exotischen Zielen zu gelangen.

mit existierenden Motoren, denn bis zum August 1935 musste ein flugfähiger Prototyp für die Vorführung auf dem Army-Testgelände am Wright Field in Ohio bereitstehen. Vorsichtshalber fragte man beim Army Air Corps nach, ob denn auch vier Motoren genehm wären, und als das zumindest nicht verneint wurde, machte man sich in Seattle ans Werk. Das Vorhaben war nicht ohne Risiko, denn die Entwicklung würde auf eigene Kosten und ohne die Garantie eines Auftrags erfolgen müssen. Und das alles zu einer Zeit, in der die finanzielle und personelle Lage des Unternehmens sehr angespannt war.

Doch Boeings mutige Entscheidung sollte belohnt werden. Bereits am 28. Juli 1935 startete das Model 299 zu seinem Jungfernflug, und als das Flugzeug wenig später zum Wright Field überführt wurde, legte es die mehr als 3.300 Kilometer ohne Zwischenlandung und mit einer Durchschnittsgeschwindigkeit von über 370 Stundenkilometern zurück. Noch bevor die Erprobung durch das Militär abgeschlossen war, stürzte das Flugzeug am 30. Oktober 1935 bei einem Testflug ab, weil der Pilot versehentlich mit blockierten Höhenrudern startete. Doch die bis dahin gezeigten Leistungen hatten die Vertreter des Army Air Corps so beeindruckt, dass die Streitkräfte 13 Testexemplare mit der Bezeichnung YB-17 (später Y1B-17) orderten, von denen das erste am 2. Dezember 1936 flog. Der Rest ist, wie es so schön heißt, Geschichte. Zwar gab es innerhalb der Armee durchaus Diskussionen, ob ein derart komplexes Flugzeug nicht die Fähigkeiten der Piloten überforderte, aber der sich abzeichnende Zweite Weltkrieg führte schließlich doch zu einer beständig steigenden Zahl von Bestellungen. Den 13 Vorserienexemplaren, zu denen sich noch eine einzelne Y1B-17A gesellte, folgten 1939 und 1940 insgesamt 39 Serienflugzeuge des Typs B-17B (Model 299M) und kurz danach 38 B-17C (von denen 20 als „Fortress I" an Großbritannien geliefert wurden) sowie 42 B-17D. Zwar hatten Journalisten das Modell 299 nach den ersten Testflügen als „wahre fliegende Festung" („Flying Fortress") bezeichnet, ein Name, der das Flugzeug von da an begleiten sollte, doch zeigte sich in den ersten Kampfeinsätzen, dass die Defensivbewaffnung durchaus noch verbesserungsbedürftig war. Das geschah dann mit der B-17E (Model 299-O), die erstmals jene äußere Form aufwies, die heute zumeist mit diesem berühmten Bomber verbunden wird. Unter dem deutlich vergrößerten Seitenleitwerk wurde Platz für einen Maschinengewehrstand geschaffen, und an Ober- und Unterseite des Rumpfes wurde je ein MG-Turm installiert.

Das Model 299 wird häufig als Kombination aus den Modellen 247 und 294 (XB-15) bezeichnet. Die grundlegenden Konstruktionsprinzipien waren in der Tat ähnlich denen des etwas kleineren Verkehrsflugzeugs, während

der runde Rumpfquerschnitt, die Triebwerksanordnung sowie die Unterbringung der – je nach Version – sechs- bis zehnköpfigen Besatzung und die Installation der Bewaffnung von der XB-15 übernommen wurden. Für die Produktion des neuen Musters wurde eigens ein neues Werk („Plant 2") am östlichen Ufer des Duwamish Rivers in unmittelbarer Nachbarschaft des King County Airports errichtet, das auch heute noch genutzt wird – allerdings nicht mehr für die Fertigung, sondern im Wesentlichen als Lagerhalle. Insgesamt 12.731 B-17 wurden gebaut, davon jedoch nur 6.981 von Boeing selbst, die übrigen entstanden in Lizenz bei Douglas und Vega. Das war ein während des Zweiten Weltkriegs durchaus übliches Vorgehen, und auch Boeing hatte beispielsweise von Douglas entwickelte DB-7/A-20 produziert.

Nach Kriegsende wurde das Gros der Flugzeuge abgestellt und später entweder verschrottet oder zu Löschflugzeugen beziehungsweise unbemannten ferngesteuerten Luftzielen für Raketen umgebaut. Einige wenige Exemplare erlebten allerdings noch einen zweiten – zivilen – Frühling. So erwarb TWA eine überzählige B-17G und ließ sie von Boeing für den Personentransport modifizieren. Das Flugzeug kam vor allem auf Erkundungsflügen für künftige Routen im Nahen Osten zum Einsatz und wurde schließlich an den Schah von Persien verschenkt. In Schweden wurden mehrere B-17F und B-17G, die in dem neutralen Land notgelandet waren, mit zusätzlichen Fenstern sowie Passagiersitzen ausgerüstet und einige Jahre im Liniendienst eingesetzt.

Ob ihrer umfangreichen Abwehrbewaffnung erhielt die B-17 den Beinamen „Flying Fortress". Allerdings verdienten erst die späteren Versionen wie die hier gezeigte B-17G wirklich diese Bezeichnung, denn die ersten Varianten erwiesen sich noch nicht als „fliegende Festungen", sondern gegenüber gegnerischen Jagdflugzeugen als sehr verwundbar.

Die erste Druckkabine

TWA erwarb fünf „Stratoliner", die jedoch nur kurzzeitig auf dem Inlandsstreckennetz der Fluggesellschaft eingesetzt wurden. Nach dem Kriegseintritt der USA wurden die Flugzeuge an das Air Transport Command verkauft und für Flüge über den Atlantik genutzt.

Seite 32/33: Im Prinzip war das Model 307 „Stratoliner" nichts weiter als eine B-17C, der man einen geräumigen Rumpf verpasst hatte. Dieses erste in Serie gebaute Verkehrsflugzeugs mit Druckkabine bot insgesamt 33 Passagieren Platz.

Mit einiger Berechtigung könnten auch zehn weitere von Boeing Ende der dreißiger Jahre gebaute Passagierflugzeuge als modifizierte B-17 bezeichnet werden, denn für das Model 307 griffen die Boeing-Ingenieure auf Tragflächen, Motoren, Triebwerksverkleidung sowie Leitwerke des Model 299 zurück und kombinierten sie mit einem völlig neuen Rumpf. Dessen kreisrunder Querschnitt garantierte nicht nur aufgrund seines großen Durchmessers von etwa 3,60 Metern ein angenehmes Reisen. Er gestattete zudem den Einbau eines Kabinendruckregelsystems, das hier erstmals bei einem Verkehrsflugzeug zum Einsatz kam und Flüge bis in eine Höhe von 20.000 Fuß (6.100 Meter) ermöglichte, so dass die 33 Passagiere und fünf Besatzungsmitglieder schlechtes Wetter einfach unter sich lassen konnten. So stolz war Boeing auf diese Errungenschaft, dass sie dem neuen Muster nicht nur

eine Modellnummer, sondern auch einen Namen verliehen: „Stratoliner" wurde als Warenzeichen eingetragen. Das Flugzeug flog aber nicht nur hoch, sondern auch schnell. Dank der vier jeweils bis zu 1.100 PS leistenden Wright-GR-1820-Cyclone-Motoren erreichte das Model 307 eine Reisegeschwindigkeit von mehr als 350 Stundenkilometern. Pan American Airways bestellte vier Flugzeuge, die Boeing-intern die Bezeichnungen S-307 oder PAA-307 erhielten, Transcontinental and Western Air (TWA) orderte fünf SA-307B, und Howard Hughes, exzentrischer Milliardär und ab 1939 Besitzer der TWA, kaufte eine SB-307B, mit der er einen neuen Rekord für einen Flug um die Welt aufzustellen gedachte.

Am 31. Dezember 1938 hob der erste „Stratoliner", eine für Pan Am bestimmte S-307 mit dem wohl berühmtesten Boeing-Testpiloten Eddie Allen am Steuer, zum Jungfernflug ab. Anschließend war Allen mehr als zufrieden, und auch in den folgenden zweieinhalb Monaten traten bei der weiteren Erprobung keine größeren Probleme auf. Doch am 18. März 1939, bei einem Testflug mit zwei Vertretern der holländischen Fluggesellschaft KLM, geriet das Flugzeug in einer Höhe von etwa 4.500 Metern ins Trudeln und brach beim Versuch, es abzufangen, in der Luft auseinander. Keine der zehn Personen an Bord überlebte den Absturz. Dennoch war Boeing nach wie vor von der grundsätzlichen Richtigkeit des Konzepts überzeugt, und bereits am 19. Mai nahm Eddie Allen mit dem zweiten Exemplar die Erprobung wieder auf. Die Serienflugzeuge unterschieden sich vom verunglückten Prototypen vor allem durch ein neues Seitenruder und eine auffällige Rückenflosse vor dem Seitenleitwerk. Am 20. Juni 1939 schließlich fand der erste Flug mit eingeschaltetem Kabinendrucksystem statt, und keine drei Wochen später wurde eine Höhe von 22.000 Fuß (6.700 Metern) erreicht. Im selben Monat übernahm Howard Hughes seinen Stratoliner und begann mit den letzten Vorbereitungen für seinen geplanten Weltrekordflug, doch der Ausbruch des Zweiten Weltkriegs am 1. September 1939 machte seinen Pläne zunichte. Die Kriegsjahre verbrachte das Flugzeug abgestellt in einem Hangar, ehe der Milliardär es zu einem allerdings kaum genutzten luxuriösen „fliegenden Penthouse" umrüsten ließ – inklusive großem Schlafzimmer, zwei Bädern, einem großen Wohnzimmer und einer Bar.

Die übrigen acht Stratoliner wurden ab März 1940 ausgeliefert und von Pan Am auf ihren Routen nach Latein- und Südamerika sowie von TWA im Inland, vor allem auf Flügen zwischen der Ost- und Westküste eingesetzt. Jedoch nur für kurze Zeit, denn nach dem Kriegseintritt der Vereinigten Staaten wurden die fünf TWA-307 als C-75 an das Air Transport Command (ATC) verkauft, für das sie unter anderem regelmäßig zwischen Washington D.C. und dem schottischen Prestwick flogen. Die drei Pan-Am-Stratoliner blieben zwar Eigentum der Fluggesellschaft, flogen auf ihren Lateinamerika-Strecken aber nach Maßgaben des ATC. Bereits im Juli 1944 wurden alle acht Flugzeuge wieder aus dem Militärdienst „entlassen", wobei die TWA-Stratoliner vor dem erneuten Einsatz im Linienverkehr zunächst einmal so umfassend modifiziert wurden, unter anderem durch das Entfernen das Kabinendrucksystems, dass sie die neue Typenbezeichnung SA-308B-1 erhielten. 1948 beziehungsweise 1951 verkauften Pan Am und TWA ihre Stratoliner, die dann noch viele Jahre bei verschiedensten Fluggesellschaften nicht nur in den USA flogen. Das einzige überlebende Exemplar, die ehemalige „Clipper Flying Cloud" der Pan Am, wurde zwischen 1995 und 2001 in „Plant 2" in Seattle, wo sie ursprünglich einmal gebaut worden war, liebevoll restau-

riert – und dann zwischen Juni 2002 und Juni 2003 gleich noch einmal, nachdem sie am 28. März 2002 bei einem Testflug wegen Treibstoffmangels notwassern musste. Inzwischen ist sie im Udvar-Hazy Center des Smithsonian National Air and Space Museums am Flughafen Washington Dulles International zu bewundern.

Die „Superfestung"

Die B-29 „Superfortress" ist ohne Zweifel eines der bemerkenswertesten Flugzeuge, die in den dreißiger und vierziger Jahren des vergangenen Jahrhunderts entstanden, und sie hätte ihren Platz in der Luftfahrtgeschichte auch ohne die traurige Berühmtheit, die sie durch die Abwürfe der beiden Atombomben über Hiroshima und Nagasaki erlangt hat, sicher. Bereits seit 1938, also noch vor dem Start der B-17-Serienproduktion, hatte Boeing ohne Vorliegen einer offiziellen Ausschreibung an einem so genannten Superbomber gearbeitet, der sich gegenüber einer B-17 oder einer Consolidated B-24 vor allem durch eine erheblich größere Reichweite und die Möglichkeit zum Einsatz in großen Höhen auszeichnen sollte. Die von der Armee schließlich Anfang 1940 veröffentlichte Spezifikation sah eine Reichweite von 8.600 Kilometern sowie eine Reisegeschwindigkeit von stolzen 640 Stundenkilometern vor – eine unerreichbare Marke und mehr, als manches Jagdflugzeug damals zu leisten imstande war.

Von dem daraufhin von Boeing vorgeschlagenen Model 345 wurden zunächst einmal drei Prototypen XB-29 und im Mai 1941 schließlich 250 Serienexemplare B-29 bestellt, die in einem neuen staatseigenen Werk in Wichita gefertigt werden sollten. Die B-29, deren erster Prototyp am 21. September 1942 zum Jungfernflug abhob, war damals das schwerste in Serie gefertigte Flugzeug der Welt und wies eine Reihe von Neuerungen auf, darunter fernbediente Maschinengewehr-Türme und druckbelüftete Besatzungsräume. Dabei waren das Cockpit und die Stationen für die Crew im hinteren Teil des Rumpfes durch einen ebenfalls druckbelüfteten Gang über den Bombenschächten verbunden. B-29 wurden nicht nur in Wichita, sondern auch von Bell in Marietta, Georgia, sowie Martin in Omaha, Nebraska, gefertigt und darüber hinaus in einem neuen Werk in Renton, das die Navy nicht weit entfernt vom Boeing-Hauptsitz für die Produktion des geplanten, dann aber nicht in Serie gebauten Patrouillen-Wasserflugzeugs PBB-1 (Model 344) errichtet hatte.

In „Plant 2" entstand dagegen ab 1947 die B-50 (ursprünglich B-29D), im Prinzip eine in vielen Punkten verbesserte B-29, der man auch deshalb eine geänderte Bezeichnung verliehen hatte, weil man vermutete, dass nach dem Ende des Krieges leichter Geld für die Beschaf-

Zeitreise – 1934 bis 1949	
28.09.1934	Aufspaltung der United Aircraft and Transport Corp. in drei separate Unternehmen
28.07.1935	Erstflug des Model 299 („XB-17")
15.10.1937	Erstflug der XB-15
07.06.1938	Jungfernflug des Flugboots 314
31.12.1938	Erstflug des Model 307 „Stratoliner"
18.03.1939	Absturz des ersten Stratoliners
20.03.1940	Pan Am übernimmt die erste 307
21.09.1942	Erster Flug des Model 345 (B-29)
09.11.1944	Jungfernflug des Model 367 (C-97 „Stratofreighter")
08.07.1947	Erstflug des Model 377 „Stratocruiser"
01.04.1949	Pan Am nimmt Flüge mit dem Stratocruiser auf

Der „Mini-Stratocruiser" 417

Das Model 417 für 17 bis 24 Passagiere hätte als mögliche DC-3-Ablösung für die Zeit nach dem Zweiten Weltkrieg in Konkurrenz beispielsweise zur Martin 2-0-2 oder zur Convair CV 240 gestanden. Der zweimotorige Hochdecker, der aufgrund der Gestaltung des Vorderrumpfs an einen verkleinerten Stratocruiser erinnerte, sollte in Wichita gebaut werden. Allerdings wurde das Programm noch in der Entwicklungsphase eingestellt.

Seite 36/37: Anders als der Prototyp und die meisten übrigen Serienexemplare wiesen die zehn an Northwest Airlines gelieferten Stratocruiser eckige Kabinenfenster auf.

American Overseas Airlines (AOA), eine Tochtergesellschaft von American Airlines, hatte acht Boeing 377 bestellt, die auch nach der Übernahme des Unternehmens durch Pan Am in den Farben von AOA flogen.

fung eines „neuen" Flugzeugmusters fließen würde. Der Umstieg von den Wright-Cyclone-Motoren der B-29 auf das 3.500 PS starke R-4360 von Pratt & Whitney bedeutete eine Leistungssteigerung um 59 Prozent, andere wesentliche Veränderungen waren beispielsweise die Verwendung einer leichteren und dabei festeren Aluminium-Legierung, ein höheres Leitwerk und ein steuerbares Bugfahrwerk.

Rückkehr ins Zivilgeschäft

Das Flugzeug, das am 9. November 1944 auf dem Boeing Field zum Erstflug startete, war wahrlich keine Schönheit. Es sah aus, als habe jemand zwei B-29-Rümpfe etwas zu heftig aufeinander gesetzt, und so ähnlich verhielt es sich auch. So wie für den „Stratoliner" auf wesentliche Komponenten der B-17 zurückgegriffen wurde, bediente sich Boeing für das Model 367 ausgiebig bei der B-29. Das

Frachtflugzeug mit der militärischen Bezeichnung C-97 („Stratofreighter") verfügte über Tragflächen, Fahrwerk, Antriebe und das komplette Heck des viermotorigen Bombers, und auch der gesamte untere Teil des Rumpfes entsprach dem der B-29. Auf dem breiteren Oberdeck – was dem Rumpf in etwa die Form einer umgekehrten „8" verlieh – fanden beispielsweise 134 voll ausgerüstete Soldaten oder 83 Krankentragen Platz. Den drei Prototypen XC-97 folgten ab 1947 zehn Vorserienflugzeuge mit den Bezeichnungen YC-97 (sechs Exemplare), YC-97A (drei) und YC-97B. Die YC-97 unterschieden sich praktisch nicht von den XC-97, während für die beiden letztgenannten Varianten Werkstoffe, Antriebe, Seitenleitwerk und andere Modifikationen der B-50 übernommen wurden. Die YC-97B erhielt darüber hinaus als VIP-Transporter zusätzliche Fenster sowie eine Kabine mit 80 Sitzen auf dem Ober- und einer Lounge im Unterdeck.

Während die YC-97A als Ausgangsbasis für die in Serie gebauten Transporter C-97 und Tankflugzeuge KC-97 diente, kann die YC-97B als direkte Vorläuferin des „Stratocruisers" gelten. Diesen Beinamen trug das Model 377, das erstmals am 8. Juli 1947 flog und mit dem sich Boeing wieder auf dem Zivilmarkt zurückmeldete. Je nach Ausstattung bot die Kabine Platz für 55 bis 100 Passagiere, für Flüge über Nacht konnte der Stratocruiser mit 56 Betten ausgerüstet werden. Auf dem Unterdeck gab es zusätzlich eine Lounge mit 14 Sitzplätzen, und eine im Heck installierte Küche sorgte für warme Mahlzeiten. Trotz des hohen Anschaffungspreises von weit über einer Million Dollar und gegen starke Konkurrenz durch die – allerdings in erheblichen größeren Stückzahlen produzierten – Douglas DC-6 und Lockheed Constellation gelang es Boeing, immerhin 56 Exemplare zu verkaufen. Mit Ausnahme der Kabinenfenster, die bei den für Northwest und United bestimmten Flugzeugen nicht rund, sondern eckig waren, unterschieden sich die zwischen Februar 1949 und März 1950 an sechs Fluggesellschaften ausgelieferten Stratocruiser äußerlich nicht. Die Kabinengestaltungen differierten jedoch so sehr, dass Boeing erstmals Airline-spezifische Modellnummern vergab, eine Vorgehensweise, die bis in die Gegenwart beibehalten wurde. So erhielten die 20 Stratocruiser für Pan Am die Bezeichnung 377-10-26, während die British-Airways-Vorläuferin BOAC sechs 377-10-32 übernahm (um die Flotte später noch um weitere elf bei anderen Fluggesellschaften ausgemusterte Flugzeuge zu ergänzen). Vier von den vereinigten Fluggesellschaften Dänemarks, Norwegens und Schwedens (der späteren SAS) bestellte Exemplare wurden noch vor der Auslieferung an BOAC weiterverkauft; die übrigen Stratocruiser gingen an American Overseas Airlines (acht), Northwest Airlines (zehn) und United Airlines (sieben). Der Prototyp wurde später auf Pan-Am-Standard umgerüstet und ebenfalls im Liniendienst eingesetzt.

Ende der fünfziger Jahre war für die meisten Stratocruiser das Aus im Passagierverkehr gekommen, aber noch war die Karriere dieses außergewöhnlichen Flugzeugs nicht beendet. Ganz im Gegenteil: Mit einiger Berechtigung könnte man sagen, dass der interessantere Teil erst noch folgen sollte. Mehrere Boeing 377 wurden zu Frachtern ähnlich der C-97 umgerüstet, doch die zweifellos faszinierendsten Umbauten waren die insgesamt neun „Guppies". Die erste mit der Modellbezeichnung 377-PG und dem Spitznamen „Pregnant Guppy" absolvierte am 19. September 1962 ihren Jungfernflug. Aero Spacelines hatte für den Transport von Raketenkomponenten für die NASA den Rumpf einer Ex-Pan-Am-377 hinter dem Flügel um ein gut fünf Meter langes Segment einer anderen 377 verlängert und eine völlig neue obere

Rumpfsektion mit sechs Metern Durchmesser entwickelt. Es folgten eine erste etwas größere „Super Guppy" 377-SG mit T-43-Propellerturbinen, für die C-97- und 377-Komponenten verwendet wurden und deren kompletter Bug für die Beladung zur Seite geklappt werden konnte, eine „Mini Guppy" 377-MG mit den normalen R-4360-Motoren sowie zwei „Mini Guppies" Model 101 mit Allison-501-Propellerturbinen. Den Abschluss bildeten vier ebenfalls mit Allison-Propellerturbinen ausgerüstete „Super Guppies" Model 201, die vom Boeing-Herausforderer Airbus für den Transport von Flugzeug-Segmenten zwischen den einzelnen Standorten genutzt wurden. Zwei dieser Super Guppies entstanden Anfang der siebziger Jahre bei Aero Spacelines, zehn Jahre später baute UTA aus Frankreich zwei weitere Exemplare. Fast alle dieser auffälligen Flugzeuge sind heute noch erhalten, eine Super Guppy ist beispielsweise auf dem Airbus-Werksgelände in Hamburg-Finkenwerder ausgestellt.

C-97A lautete die Bezeichnung der ersten Serienversion des Stratofreighters, den Boeing basierend auf dem B-29-Bomber als Transportflugzeug für die US-Streitkräfte entwickelt hatte.

Im hinteren Bereich des Unterdecks verfügte der Stratocruiser über eine Lounge für bis zu 14 Fluggäste, die über eine Wendeltreppe vom Hauptdeck aus zugänglich war.

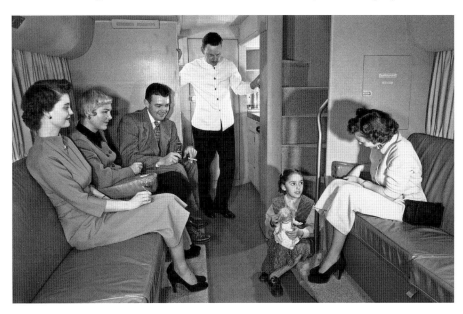

707/720 – Die Jet-Pioniere

**Mit der vierstrahligen 707 begann Boeings Aufstieg
zum bedeutendsten Hersteller von Düsenverkehrsflugzeugen.**

Beim B-47-Bomber verwendete Boeing zum ersten Mal stark gepfeilte Tragflächen. Die dabei gesammelten Erfahrungen bildeten die Grundlage für die Entwicklung des Prototypen 367-80, aus dem wiederum die Boeing 707 hervorging.

Seite 40/41: Lufthansa setzte sowohl die Boeing 707 für Langstrecken als auch die 720 für Mittelstrecken ein.
Anders als viele Fluggesellschaften, darunter auch die Lufthansa, hat Boeing ihre Verkehrsflugzeuge übrigens nie mit einem vorgestellten „B" gekennzeichnet. Offiziell gibt es also keine B707, B.737 oder B-747, auch wenn diese Bezeichnungen weit verbreitet sind.

ls der erste Prototyp des Model 450 am 12. September 1947 die Boeing-Werkshallen verließ, staunte die Fachwelt über einen Entwurf, der mit Fug und Recht als revolutionär bezeichnet werden konnte. Dabei hatte Boeing keineswegs das Flugzeug neu erfunden. Im Gegenteil: Das erste Flugzeug mit Düsentriebwerk, die Heinkel He 178, startete schließlich schon 1939 zum Jungfernflug, gepfeilte Tragflächen wies bereits die XP-86 auf, der Prototyp des berühmten Jagdflugzeugs F-86 „Sabre", und auch ein Tandemfahrwerk war schon zwei Jahre zuvor getestet worden. Doch die Kombination dieser noch relativ neuen Technologien, und das bei einem so großen Flugzeug, war eine echte Sensation. Das Flugzeug mit der militärischen Bezeichnung XB-47 war ein Bomber, der von immerhin sechs Düsentriebwerken angetrieben wurde, und doch wirkte das Model 450 eleganter und schnittiger als so manches Jagdflugzeug jener Jahre.

Die Arbeiten an diesem Projekt hatten 1943 begonnen, als die U.S. Army Air Force an verschiedene Hersteller mit der Bitte herangetreten war, das Konzept eines mehrstrahligen Flugzeugs zu untersuchen, das für Aufklärungs- und Bombenmissionen genutzt werden konnte. Der erste Boeing-Entwurf (Model 424) war wenig mehr als eine verkleinerte B-29 mit vier paarweise unter den Tragflächen installierten Düsentriebwerken. Das nächste Konzept sah die Unterbringung der Antriebe im Rumpf vor, doch es erwies sich – ebenso wie die folgenden Vorschläge – bei Versuchen im Windkanal als nicht geeignet, das volle Potential des noch in den Kinderschuhen steckenden Düsenantriebs zu nutzen. Der Durchbruch kam erst, als es mehreren US-Luftfahrtexperten unter Leitung des aus Ungarn stammenden Theodor von Karman kurz nach Ende des Krieges in Europa gestattet wurde, die Werke und Forschungseinrichtungen der deutschen Luftfahrtindustrie zu besuchen. Vor allem dort vorgefundene Daten über die positiven Effekte eine starken Flügelpfeilung bei hohen Fluggeschwindigkeiten elektrisierten die Späher, und George Schairer, einer der drei Boeing-Teilnehmer an der Erkundungsreise, schrieb umgehend einen siebenseitigen Brief nach Seattle, in dem er feststellte, dass die deutschen Aerodynamiker ihren US-Kollegen in einigen Punkten voraus seien. Von besonderer Bedeutung war die Erkenntnis, dass eine Flügelpfeilung nur in Verbindung mit den erst durch Düsentriebwerke möglich gewordenen hohen Fluggeschwindigkeiten sinnvoll war.

Eilig durchgeführte eigene Windkanalversuche bestätigten die deutschen Forschungen, und die Erkenntnisse flossen umgehend in die Arbeiten an der XB-47 ein, die nun um 35 Grad nach hinten gepfeilte Flügel erhielt.

Nachdem sich die Air Force gegen den Einbau der Triebwerke im Rumpf ausgesprochen hatte, entstand schließlich das Model 450 mit sechs J-35-Turbojets – jeweils zwei paarweise mit einer gemeinsamen Aufhängung an der inneren Unterflügelposition und je eines relativ weit außen unter den Tragflächen installiert. Der noch relativ niedrige Schub der frühen Düsentriebwerke (das J-35 von General Electric lieferte gerade einmal 3.750 Pfund oder 16,7 kN) erforderte für den Einsatz von den meisten Flughäfen den Einbau zusätzlicher Starthilfsraketen, andererseits war die XB-47 im Anflug so schnell, dass mangels Schubumkehrsystem ein Bremsfallschirm für die rasche Verzögerung nach beziehungsweise gelegentlich auch schon vor dem Aufsetzen sorgen musste. Den beiden XB-47-Prototypen, von denen der erste am 17. Dezember 1947 seinen Jungfernflug absolvierte, folgten ab 1950 die ersten Serienflugzeuge. Insgesamt 2.032 B-47 wurden bis 1956 gebaut – 1.373 von Boeing, die übrigen von Lockheed und Douglas.

Die berühmte „Dash 80"

Es war nur eine Frage der Zeit, bis das Düsentriebwerk auch als Antrieb für Verkehrsflugzeuge zum Einsatz kommen würde. Die Vorteile lagen trotz der höheren Anschaffungskosten und trotz des anfänglich geringen Schubs bei gleichzeitig relativ hohem Treibstoffverbrauch auf der Hand: Die deutlich schnelleren Jets versprachen eine drastische Reduzierung der Reisezeiten, gleichzeitig wurde das Flugzeug produktiver, weil es eine bestimmte Strecke in der gleichen Zeit häufiger bedienen konnte. Die ersten düsengetriebenen Verkehrsflugzeuge – die de Havilland „Comet" aus Großbritannien, die 1949 zum ersten Mal flog, die kanadische Avro C-102 und die Tupolew TU-104 aus der UdSSR – konnten dieses Vorzüge aufgrund einer nur geringen oder erst gar nicht vorhandenen Flügelpfeilung allerdings noch nicht in vollem Umfang nutzen.

Auch bei Boeing hatte man sich natürlich mit der Frage eines Passagierjets beschäftigt, speziell nachdem Wellwood Beall die Comet in Augenschein genommen hatte, und dabei durchaus kuriose Konzepte wie das einer „zivilisierten" B-47 ersonnen. Parallel dazu wurden Überlegungen angestellt, wie sich die KC-97-Tankflugzeuge, deren Geschwindigkeit mit der der neuen Jagdflugzeuge und Bomber nicht mithalten konnte, durch einen moderneren, unter Umständen düsengetriebenen Entwurf ablösen ließen. Die verschiedensten Flügel- und Antriebskonzepte wurden auf dem Zeichenbrett und im Windkanal zunächst mit dem KC-97-Rumpf und schließlich mit einem völlig neuen Rumpf kombiniert. Dennoch liefen die diversen Varianten intern nach wie vor unter der für die

C-97/KC-97 vergebenen Modellnummer 367, sodass der 80. Entwurf, den Boeing schließlich als geeignete Basis sowohl für ein Transport- und Tank- als auch für ein Verkehrsflugzeug ansah, die Bezeichnung 367-80 erhielt. Diese Titulierung half zwar einerseits zumindest kurzzeitig die Tatsache zu verschleiern, dass Boeing an einem Düsenverkehrsflugzeug arbeitete, führte andererseits aber auch zu einiger Verwirrung. Denn die Marketingabteilung bezeichnete das neue Muster den Fluggesellschaften gegenüber als 707, verwendete also bereits jene Modellnummer, die dann dem daraus hervorgegangenen Verkehrsflugzeug zugewiesen wurde.

Boeing mochte noch so zuversichtlich sein, mit dem Model 367-80 einen großen Wurf gelandet zu haben – die Air Force jedenfalls war nicht gewillt, ein Flugzeug zu bestellen, dass nur auf dem Papier existierte. Der Boeing-Verwaltungsrat genehmigte am 20. Mai 1952 dennoch 16 Millionen Dollar für den Bau eines Prototypen, weil er überzeugt war, dass Aufträge folgen würden, sobald das neue Muster erst einmal in der Luft war.

Als die 367-80, von den Boeing-Mitarbeitern oft einfach nur „Dash 80" („Bindestrich-80") genannt, am 14. Mai 1954 erstmals vor die Tore der Werkshallen in Renton gerollt wurde, dürften die meisten Zuschauer, unter ihnen William E. Boeing und seine Frau Bertha als Ehrengäste, geahnt haben, dass sie gerade die Zukunft des Luftverkehrs gesehen hatten. Der schnittige Jet mit seinen um 35 Grad nach hinten gepfeilten Tragflächen hob sich nicht nur optisch von allen Vorgängern ab. Er wies zudem viele

technische Details auf, die auch bei heutigen Verkehrsflugzeugen nach wie vor zum Standard gehören. Die vier JT3-Triebwerke von Pratt & Whitney, die zivile Variante des J57, das den achtstrahligen B-52-Bomber antrieb, waren in separaten Gondeln unter den Flügeln aufgehängt. Die Idee, je zwei Triebwerke wie bei der B-52 an einer Aufhängung zusammenzufassen, wurde aufgrund von Sicherheitsüberlegungen wieder verworfen. Weitere noch heutzutage übliche Konstruktionsmerkmale waren die leichte V-Stellung von Tragflächen und Höhenleitwerk, die auf Höhe des inneren Triebwerks geteilten Landeklappen sowie die doppelt vorhandenen Querruder: die inneren wurden während des Reisefluges genutzt, die äußeren nur während Start und Landung. Zudem übernahmen die Spoiler auf den Flügeloberseiten ebenfalls Querruderfunktionen, wenn sie nur einseitig ausgefahren wurden. Auf beiden Seiten ausgefahren, dienten sie nach der Landung als Bremsklappen.

Der Rumpf der 367-80, die von Bertha Boeing auf die Namen „Jet Stratoliner" und „Jet Stratotanker" getauft wurde, war mit 3,35 Metern genauso breit wie der der C-97/377, und er wies auch denselben, an eine Acht erinnernden „Double Bubble"-Querschnitt auf, allerdings war die Einschnürung auf Höhe des Kabinenfußbodens nicht ganz so extrem. Weil das Flugzeug als rein experimenteller Prototyp dienen und – anders als bei folgenden Flugzeugprogrammen üblich – im Anschluss an eine Zulassung nicht für den Linieneinsatz umgerüstet werden sollte, verzichtete Boeing auf den Einbau von Pas-

Rollout der 367-80, oft auch einfach nur „Dash 80" genannt, am 14. Mai 1954. Das Flugzeug wies – abgesehen von den fehlenden Fenstern und Türen – bereits große Ähnlichkeit mit der späteren 707 auf, die allerdings noch einen längeren Rumpf mit einem größeren Durchmesser erhalten musste, ehe sich die Fluggesellschaften wirklich für den Entwurf begeistern konnten.

William („Bill") McPherson Allen

*William Allen (1900 – 1985)
verfügte anders als viele Boeing-
Führungskräfte vor und nach ihm
nicht über einen technischen
Hintergrund, sondern war
Rechtsanwalt. Nachdem er an den
Verhandlungen zum Zusammenschluss von Boeing Air Transport
und Pacific Air Transport beteiligt
gewesen war, wurde er 1930
Mitglied des Boeing-
Verwaltungsrats (Board of
Directors). 1945 wurde er
President und Chief Executive
Officer des Unternehmens. In
seine Amtszeit fielen die wichtigen
Entscheidungen über Entwicklung
und Bau von 707 und 747. 1968
legte er seine beiden Posten
nieder, übernahm aber bis 1972
die Aufgaben des Chairman.*

*Für Fluggesellschaften aus aller
Welt bestimmte Boeing 707 warten
auf ihre Auslieferung.*

sagiersitzen, Bordtoiletten und -küchen sowie einer größeren Anzahl Fenster. Statt dessen wurden im vorderen
und hinteren Bereich der linken Rumpfseite zwei große
Frachttore installiert. Die wenigen dennoch vorhandenen
Fenster waren im Übrigen rund und nicht, wie bei vielen
Kolbenflugzeugen, eckig. Eine weise Entscheidung, denn
die Erfahrungen mit der Comet hatten gezeigt, dass es an
den Ecken wegen der hohen Belastung zu Materialermüdung kommen konnte.

Dass der Entwurf durchaus auch seine Schwachstellen
hatte, zeigte sich bei abschließenden Rolltests kurz
vor dem Erstflug, als das linke Hauptfahrwerksbein
zusammenbrach. Noch in derselben Nacht machten sich
die Ingenieure daran, diesen Teil des Flugzeugs neu zu
entwerfen.

Zur Erleichterung von Boeing-President William Allen
und aller am Programm Beteiligten verlief der Erstflug am
15. Juli 1954 völlig ereignislos. Das galt allerdings nicht für
alle folgenden Flüge, und Bill Allen dürfte noch so man-
che schlaflose Nacht beim Gedanken an die investierten
Millionen verbracht haben. Beispielsweise als bei einer
Landung das Bremssystem versagte und bei dem Versuch, das Flugzeug auf dem Gras neben der Piste zum
Stillstand zu bringen, das Bugfahrwerk einbrach. Richtig
wütend aber wurde Allen, als ihm und etwa 300.000 weiteren staunenden Zuschauern kein Schwachpunkt, sondern die erstaunliche Festigkeit des Flugzeugs vor Augen
geführt wurde. Der Boeing-President hatte Vertreter der
Airline-Dachorganisation IATA auf drei von seinem Unternehmen gecharterte Yachten eingeladen, um ein Boots-
rennen auf dem Lake Washington anzuschauen und
gleichzeitig einen Überflug der Dash 80 zu bewundern.
Diese Gelegenheit nutzte Testpilot Tex Johnson zu einer

Demonstration der besonderen Art, indem er mit dem
Prototypen zwei komplette Rollen um die Längsachse vor-
führte.

Der erfahrene Pilot mochte noch so sehr betonen, dass
zu keiner Zeit eine Gefahr für das Flugzeug bestanden
hatte – Allen war lange Zeit „not amused" über das eigen-
mächtige Vorgehen seines Piloten. Am nächsten Morgen
zitierte er Johnson in sein Büro und fragte ihn: „Was
glaubst Du, hast Du da gestern getan?" Worauf Tex Johnson nur lakonisch antwortete: „Flugzeuge verkauft." Und
in der Tat lieferte die eigenwillige Flugvorführung den
Fluggesellschaften einen weiteren Beweis für die Stabilität und Leistungsfähigkeit des neuen Jets. Unglückli-
cherweise waren einige Airline-Piloten von diesen Kunst-
stücken so angetan, dass sie sie nachmachen wollten,
was zumindest im Fall der 720 D-ABOP der Lufthansa am
15. Juli 1964 fatale Folgen hatte. Das Flugzeug stürzte während einer versuchten Rolle bei einem Trainingsflug ab;
die dreiköpfige Besatzung kam ums Leben.

Pan Am bestellt die 707

Die erste Bestellung gingen ohnehin nicht von den Airli-
nes, sondern von anderer Seite ein. Die United States Air
Force orderte die KC-135 als Tanker und Transporter. Das
Boeing-intern als Model 717 bezeichnete Muster unter-
schied sich von der 367-80 durch einen verbreiterten und
verlängerten Rumpf, ein einzelnes Frachttor auf der linken
Seite und J57-Triebwerke mit jeweils 13.750 Pfund (61 kN)
Schub anstelle der nur 10.000 Pfund (44,5 kN) liefernden
JT3. Bis 1966 produzierte Boeing insgesamt 820 KC-135-
Tanker beziehungsweise C-135-Transportflugzeuge und
diverse Spezialversionen für unterschiedlichste Aufga-
ben, von denen fast alle heute noch – zum Teil auf CFM56-
Triebwerke umgerüstet – im Einsatz stehen.

Kommerzielle Verkäufe stellte sich dagegen nicht ganz
so schnell ein, wie Boeing das erhofft hatte. Obwohl die
367-80 in der Airline-Konfiguration etwa 100 Fluggästen
Platz bieten und damit im Vergleich zur Kapazität existierender Passagierflugzeuge wie DC-6, Constellation oder
377 einen großen Sprung nach vorne bedeuten würde,
war sie vielen Fluggesellschaften zu klein. Das galt selbst
dann, nachdem der Hersteller für die 717/KC-135 den
Rumpf bereits um zwölf Zoll (30 Zentimeter) verbreitert
und um zweieinhalb Meter verlängert hatte. Inzwischen
nämlich hatte die 707 einen ernstzunehmenden Gegner
bekommen: Douglas bot den Airlines die zwar vorerst nur
auf dem Papier existierende, dort aber der geplanten 707
sehr ähnliche DC-8 an, und während Boeing von vielen
Fluggesellschaften nach wie vor in erster Linie als Produ-
zent von Bombern angesehen wurde, hatte sich der Konkurrent aus Long Beach in Kalifornien in den vergangenen

Jahren mit den Modellen DC-3, DC-4 und DC-6 einen Ruf als Lieferant von zuverlässigen Verkehrsflugzeugen erworben. Es war schließlich wieder einmal Pan Ams Präsident Juan Trippe, der den entscheidenden Anstoß gab und am 13. Oktober 1955 zunächst 20 Boeing 707 bestellte – nicht ohne sich sozusagen abzusichern und bei Douglas 25 DC-8 zu kaufen. Die größte Enttäuschung für Boeing war jedoch zweifellos, dass sich United ebenfalls für das Douglas-Muster entschied. Die Wende zum Besseren kam mit einem Auftrag von American Airlines und dem Entschluss, den Rumpf um weitere zweieinhalb Meter zu verlängern sowie um gut zehn Zentimeter zu verbreitern, was die Unterbringung von sechs Sitzen pro Reihe gestattete – gegenüber maximal fünf bei der DC-8 – und sich langfristig als der entscheidende Vorteil der 707 herausstellen sollte.

Die FAA-Musterzulassung weist die erste Serienversion als 707-100 aus, wohingegen Boeing die Bezeichnung 707-120 verwendete, was leicht zu Verwirrungen führen konnte, weil der Hersteller gleichzeitig analog zur Vorgehensweise bei der 377 Airline-spezifische Modellnummern vergab. Die für Pan Am bestimmten Exemplare des neuen Musters waren demnach 707-121, American Airlines erhielt 707-123 und TWA 707-131, wobei aber auch Letztgenannte nach wie vor zur Baureihe 707-120 gehörten. Eine Besonderheit stellten die insgesamt 13 an die australische Qantas gelieferten Flugzeug dar. Obwohl sie keine eigene Modellnummer erhielten, wiesen die 707-138 einen um etwa drei Meter hinter den Tragflächen verkürzten Rumpf auf, was eine größere Reichweite ermöglichte.

Aller Anfang ist schwer – diese Erkenntnis hat auch in der Fliegerei ihre Berechtigung, wie Boeing bei der 707 erfahren musste. Viele Fluggesellschaften hatten bemängelt, dass die 707-100 untermotorisiert sein und über zuwenig Reichweite verfügen würde, worauf Boeing mit der 707-300 Intercontinental (von Boeing wiederum als 707-320 bezeichnet) reagierte, die leistungsstärkere JT4A-3-Triebwerke mit einem verlängerten Rumpf und vergrößerten Tragflächen kombinierte. Dank der erheblich vergrößerten Treibstoffmenge sollten Nonstop-Transatlantikflüge mit ihr auch bei weniger günstigen Windbedingungen möglich sein. Erster Kunde war wiederum Pan Am, die an Heiligabend 1955 insgesamt 15 Flugzeuge bestellte (und gleichzeitig die Zahl der Aufträge für die 707-120 auf sechs reduzierte). Sozusagen zwischen diesen beiden Modellen angesiedelt war die 707-200 (oder 707-220), von der Boeing fünf Exemplare für Braniff produzierte. Sie war weitgehend identisch zur 707-100, verfügte aber über die stärkeren JT4A-3-Triebwerke.

Am 15. August 1958 erhielt Pan Am ihre erste 707-120, und am 26. Oktober des Jahres nahm die Airline mit einem Flug von New York nach Paris den kommerziellen Jet-Liniendienst auf, am 25. Januar 1959 folgte American Airlines mit einer Verbindung zwischen Los Angeles und New York.

Turbofan-Triebwerke

Als erstes 707-Modell verfügte die 707-400 (beziehungsweise 707-420), die ansonsten baugleich zur 707-300 war, über Turbofan-Triebwerke, bei denen ein Großteil der eingesaugten Luft nicht in die Brennkammer gelangt,

Einzige Betreiberin der 707-138, die einen etwa drei Meter kürzeren Rumpf aufwies als die übrigen 707-120, war die australische Qantas.

707-Zeitreise	
14.05.1954	Rollout der 367-80
15.07.1954	Erstflug der 367-80
20.12.1957	Erstflug der 707-120
23.09.1958	Zulassung der 707-120
15.08.1958	Erste Auslieferung der 707-120
11.01.1959	Erstflug der 707-320
19.05.1959	Erstflug der 707-420
26.06.1959	Erste Auslieferung der 707-138
19.07.1959	Erste Auslieferung der 707-320
25.02.1960	Erste Auslieferung der 707-420
22.06.1960	Erstflug der 707-120B
31.01.1962	Erstflug der 707-320B
19.02.1963	Erstflug der 707-320C
30.01.1978	Letzte Auslieferung einer 707 an eine Fluggesellschaft

Seite 47: American Airlines gehörten zu den größten Betreibern des Mittelstreckenmusters Boeing 720.

720-Zeitreise

02.11.1959	Rollout der 720
23.11.1959	Erstflug der 720
30.06.1960	Zulassung der 720
05.07.1960	Indienststellung bei United Airlines
06.10.1960	Erstflug der 720B
02.02.1961	Erste Auslieferung der 720B
20.09.1967	Einstellung der Produktion

Eine Boeing 707-300C im auffälligen grünen Farbkleid von Iraqi Airways.

sondern am Kerntriebwerk vorbeigeleitet wird. Dieses Prinzip liefert einen erheblichen größeren Schub – 17.500 Pfund (78 kN) waren es im Fall der Rolls-Royce Conway 508 bei der 707-400 – und führt zu einer deutlichen Senkung des Treibstoffverbrauchs.

Zu den Betreibern der 707-400 gehörte unter anderem die Lufthansa, die ihren ersten Jet am 25. Februar 1960 übernahm. Die deutsche Fluggesellschaft setzte darüber hinaus 707-300B und -300C ein. Erstere verfügte über einen gegenüber der normalen 707-300 vergrößerten Flügel und JT3D-Turbofan-Triebwerke von Pratt & Whitney, Letztere als „Convertible" für die Beförderung von Passagieren und/oder Fracht zusätzlich über ein großes Tor auf der linken Rumpfseite vor den Tragflächen. Weitere Änderungen betrafen den Kabinenboden, der für die Aufnahme von Fracht ebenso verstärkt wurde wie das Fahrwerk.

Auch die 707-100 profitierten von der neuen Turbofan-Technologie. Unter der Bezeichnung 707-100B erhielten die Flugzeuge zusätzlich zu den JT3D-Triebwerken ein vergrößertes Höhenleitwerk sowie modifizierte und zusätzliche Krüger-Nasenklappen. Während die 707-300B ausschließlich neu ab Werk erhältlich waren, konnten die 707-100 auf den 100B-Standard nachgerüstet werden, was bei den meisten Flugzeugen auch geschah.

Bei einem so revolutionären neuen Flugzeugmuster konnten unangenehme Überraschungen nicht ausbleiben, und im Einsatz zeigte sich bald, dass die Längsstabilität der 707 zu wünschen übrig ließ. Nach dem Absturz einer 707-200 der Braniff während eines Trainingsfluges wurde das Seitenleitwerk vergrößert und eine zusätzliche Flosse an der Unterseite des Hecks installiert. Fast alle bis dahin bereits ausgelieferten Flugzeuge wurden entsprechend modifiziert.

Insgesamt 725 Exemplare der verschiedenen 707-Versionen wurden für den Einsatz bei Fluggesellschaften ausgeliefert, weitere 131 Boeing 707 bis 1992 für die unterschiedlichsten militärischen Zwecke gebaut, beispielsweise als VIP-Transporter für die Deutsche Luftwaffe oder als „Air Force One" für den US-Präsidenten. Am bekanntesten sind zweifellos die AWACS-Aufklärungsflugzeuge (offizielle Bezeichnung E-3A) mit ihrem auffälligen Radar auf dem Rumpf.

Boeing 720 für die Mittelstrecke

Noch bevor die ersten 707 ausgeliefert waren, hatte Boeing mit den Arbeiten an einer neuen Version für den Einsatz auf Kurz- und Mittelstrecken sowie von kürzeren Start- und Landebahnen begonnen. Der Rumpf wurde um zweieinhalb Meter verkürzt, der Treibstoffvorrat verringert und der Flügel erheblich modifiziert, unter anderem durch eine Vergrößerung der Pfeilung zwischen Rumpf und innerem Triebwerk (Pratt & Whitney JT3C) sowie die Installation von Krüger-Nasenklappen über die nahezu komplette Spannweite. Die ersten Exemplare des neuen Musters, das zunächst als 707-020, dann als 717-020 und schließlich als 720-020 beziehungsweise einfach als 720 bezeichnet wurde, verfügten noch über das kleinere Leitwerk der ursprünglichen 707, wurden aber später auf den abschließenden Serienstandard mit höherem Seitenleitwerk und zusätzlicher Flosse an der Rumpfunterseite umgerüstet. Analog zur 707 erhielten die ab Werk oder nachträglich mit JT3D-Turbofans ausgestatteten 720 die neue Modellbezeichnung 720B.

Als mit der Boeing 727 ein neues und auf Mittelstrecken ökonomischer einsetzbares Muster zur Verfügung stand, wurde die Produktion der 720 nach Auslieferung des 154. Flugzeugs am 20. September 1967 eingestellt.

727 – Allein auf weiter Flur

Praktisch ohne Konkurrenz avancierte die dreistrahlige 727
zum erfolgreichsten Verkehrsflugzeug ihrer Zeit

D ie Modelle 707 und 720 hatten Boeing innerhalb
kürzester Zeit als Hersteller von Düsenverkehrsflugzeugen etabliert, doch zumindest in den
Anfangsjahren konnte sich das Unternehmen an diesem
Umstand nicht so recht freuen. Denn die zahlreichen Veränderungen am 707-Entwurf und die Notwendigkeit, in
rascher Folge mehrere Versionen auf den Markt zu bringen, hatten die Kosten des Programms in die Höhe getrieben, so dass die Gewinnschwelle nun erst bei einer weit-
aus größeren Zahl von Verkäufen als ursprünglich
veranschlagt erreicht werden würde. Entsprechend gering
war Ende der fünfziger Jahre die Begeisterung, erneut
eine größere Summe in die Entwicklung eines düsengetriebenen Flugzeugs zu investieren, wie es von einer
Reihe von Fluggesellschaften für den Einsatz auch auf
Kurzstrecken und von kurzen Start- und Landebahnen
gewünscht wurde. Ein Flugzeug, das zudem womöglich
die Verkaufsaussichten der 720 schmälern würde.

Dazu kam die Angst, dass aufgrund der großen Zahl
potentieller Konkurrenzentwürfe der Markt nicht groß
genug sein könnte. Es war ja nicht so, dass die Idee eines
Kurzstrecken-Jets völlig neu war. In Frankreich flog bereits
die zweimotorige Caravelle, und auf den Zeichenbrettern
von de Havilland in England nahm die Trident Gestalt an,
ein dreistrahliges Flugzeug mit T-Leitwerk. Auch bei Douglas arbeitete man zu dieser Zeit unter der Bezeichnung
DC-9 an einem – damals noch vierstrahligen – Jet für den
Kurzstreckenverkehr. Andere Hersteller wie Lockheed mit
der Electra und Vickers mit der Viscount setzten ganz auf
den Turboprop-Antrieb, weil sie der Auffassung waren,
dass die Vorteile der Düsentriebwerke, die sich erst im
Reiseflug in großer Höhe richtig bemerkbar machten,
über kurze Entfernungen nicht voll zum Tragen kommen
würden. Eine ganze Reihe US-amerikanischer Fluggesell-

schaften teilte diese Überzeugung und bestellte die Electra, deren Anschaffungskosten im Übrigen deutlich unter
denen lagen, die für einen Jet zu erwarten waren.

Das alles bedeutete jedoch nicht, dass man sich bei
Boeing überhaupt keine Gedanken über ein solches Projekt machte. Bereits 1956 waren verschiedene Vorent-
würfe entstanden, die zwei, vier und teilweise sogar drei
Triebwerke vorsahen, wobei allerdings die Überzeugung
vorherrschte, dass das letztgenannte Konzept zu hohe
Entwicklungskosten verursachen und den Kaufpreis in
die Höhe treiben würde. Wollte man Erfolg auf diesem
Markt haben, würde man ein Flugzeug entwickeln müssen, das mindestens so wirtschaftlich war wie die Turbo-
props, ohne dabei in der Anschaffung wesentlich teurer
zu sein, und das auf Flughäfen eingesetzt werden konnte,
für die 707 und 720 zu groß waren. Keine einfache Aufgabe, aber Probleme waren dazu da, gelöst zu werden.
Dieser Auffassung war jedenfalls Jack Steiner, der 1941
bei Boeing angefangen hatte und 1958 zum Chef einer
Planungsgruppe für einen möglichen Kurzstreckenjet
ernannt worden war.

Das Team konzentrierte seine Bemühungen zunächst
auf die wahrscheinlichsten Kunden, allen voran United
Airlines. Doch die Wünsche der Fluggesellschaft nach niedrigen Betriebskosten kollidierten mit ihrer Forderung
nach einer viermotorigen Lösung. Zwei Triebwerke kamen
für United nicht in Frage, nicht zuletzt aufgrund der Vorschriften der Zivilluftfahrtbehörde CAA, die gewissen Ein-
schränkungen für den Flugbetrieb zweistrahliger Jets
bedeuteten. Andere Fluggesellschaften würden sich möglicherweise mit weniger als vier Triebwerken zufrieden
geben, doch zum einen schien keine von ihnen vergleichbar dringend ein solches Flugzeug zu benötigen,
zum anderen sperrte man sich bei Boeing wegen der
befürchteten höheren Entwicklungskosten gegen einen
dreistrahligen Entwurf. Soweit eben möglich, so die Forderung an Steiners Mannschaft, sollte auf Elemente aus
dem 707/720-Programm zurückgegriffen werden, und
diese Forderung ließ sich mit zwei oder vier an oder unter
den Tragflächen installierten Triebwerken entschieden
leichter umsetzen.

Ohnehin drohte die Kostenfrage das Programm mehrfach zu Fall zu bringen, ehe es überhaupt ein richtiges
Programm geworden war. Die Verkaufsabteilung betonte
immer wieder, dass ein Preis von drei Millionen Dollar pro
Flugzeug die absolute Obergrenze darstellte, während die
Planer um Jack Steiner zu dem Schluss kamen, dass ein
wie auch immer gearteter Jet keineswegs für weniger als
3,5 Millionen Dollar herzustellen sein würde – vorausge-
setzt, man konnte mindestens 200 Flugzeuge verkaufen,
wovon niemand so recht ausgehen wollte. Wobei sämtli-

Der Weg bis zum offiziellen Programmstart war steinig, doch als die 727 erst einmal in der Luft war, verkaufte sie sich praktisch von selbst. Erst recht, nachdem der hier gezeigte Prototyp auf einer Reise um die Welt gezeigt hatte, welches Potential in dem neuen Jet steckte.

che Kostenabschätzungen ohnehin vage bleiben mussten, solange nicht annähernd feststand, wie das geplante Kurz- und Mittelstreckenmuster überhaupt aussehen würde. Und gerade in diesem Punkt kam die Planungsgruppe 1958 und auch in der ersten Jahreshälfte 1959 nicht weiter. Bei Boeing hatte man mit der nach wie vor tief in den roten Zahlen steckenden 707-Fertigung genug zu tun, und die Konzepte, mit denen Steiner und seine Mannschaft immer wieder bei den verschiedenen Fluggesellschaften in den USA und in Europa vorstellig wurden, stießen bestenfalls auf höfliches Interesse.

Dennoch arbeiteten die Planer unverdrossen weiter, und langsam, aber sicher festigte sich bei ihnen die Überzeugung, dass man dem Problem des hohen Stückpreises nur begegnen konnte, wenn man gleichzeitig die Wirtschaftlichkeit des Flugzeugs drastisch steigerte – durch eine größere Passagierkapazität und eine hohe Reisegeschwindigkeit. Diese zweite wünschenswerte Eigenschaft kollidierte allerdings mit den Forderungen der Fluggesellschaften, die 727 auch auf Flughäfen mit sehr kurzen Start- und Landebahnen einzusetzen. Mit einer Länge von nur 1.500 Metern stellte die Piste auf dem New Yorker Flughafen La Guardia in dieser Hinsicht die härtesten Anforderungen, und Eastern Airlines verlangte von Boeing die Garantie, dass das neue Flugzeug dort würde operieren können. Die große Geschwindigkeit bedingte möglichst kleine, stark gepfeilte Tragflächen, während die Kurzstarteigenschaften eine große Flügelfläche beziehungsweise alternativ große, weit nach unten ausfahrbare Landeklappen erforderten. War deren Auslenkung jedoch zu groß, drohte ein Strömungsabriss, weil die Luft nicht

an der extremen Flügelkontur anliegen würde. Mehrere Lösungsmöglichkeiten, beispielsweise das Absaugen der Grenzschicht oder das Anblasen der Klappen, wurden unter anderem wegen des aufwendigen Leitungssystems als zu komplex verworfen. Schließlich entschied man sich, es mit dreifach geteilten Klappen zu versuchen, bei denen durch die Schlitze zwischen den einzelnen Klappensegmenten Luft von der Flügelunterseite über die Klappenoberseite strömte.

Nach und nach schälte sich die dreimotorige Lösung als die vermutlich ideale heraus, wenn man die Wünsche der verschiedenen Fluggesellschaften halbwegs unter einen Hut bringen wollte. Uneinigkeit herrschte eine Zeitlang über die Frage, ob man alle Antriebe am Heck oder zwei der Motoren unter beziehungsweise vor den Tragflächen installieren sollte, wobei durchaus die Angst vor dem Vorwurf, man habe schlicht den Trident-Entwurf kopiert, eine Rolle spielte. Sämtliche Untersuchungen, darunter auch umfangreiche Windkanal-Tests, ließen jedoch die Gruppierung aller Triebwerke am Heck ratsam erscheinen, kombiniert mit einem T-Leitwerk, gegen das sich Steiner lange Zeit gewehrt hatte.

Im Herbst 1959 sah die 727 dem später gebauten Flugzeug schon sehr ähnlich, doch parallel wurden auch weiterhin Konzepte mit zwei und vier Triebwerken verfolgt. Nicht nur, um kritische Stimmen außerhalb und vor allem innerhalb des Unternehmens zu besänftigen, sondern auch, weil es zumindest in der frühen Phase schlichtweg an einem geeigneten Antrieb für eine dreistrahlige Auslegung fehlte. Jack Steiner setzte jedoch große Hoffnungen auf Rolls-Royce. Das britische Unter-

Die 727 gab es auch als „Convertible", die sowohl für die Beförderung von Passagieren als auch für den Transport von Fracht genutzt werden konnte.

Deutsche 727-Betreiber

Lufthansa war nicht die einzige deutsche Fluggesellschaft, die die Boeing 727 einsetzte. Auch ihre Ferienflugtochter Condor betrieb das dreistrahlige Kurz- und Mittelstreckenflugzeug, und Hapag-Lloyd Flug nahm 1973 den Flugbetrieb mit Boeing 727 auf.

nehmen arbeitete an der Entwicklung eines Triebwerks mit der Bezeichnung RB-163 für die ebenfalls dreimotorige Trident, das Steiner – in einer etwas leistungsstärkeren Version – auch für die 727 zu nutzen gedachte. Allerdings waren die potentiellen Kunden, allen voran Eastern und United, der Auffassung, Boeing solle es lieber mit dem JT8D, das zu jener Zeit von Pratt & Whitney entwickelt wurde, versuchen. Steiner war nicht gerade begeistert von dieser Idee, denn das JT8D war größer und schwerer, was entsprechende Auswirkungen auf Gewicht, Abmessungen und Preis der 727 haben musste. Doch schließlich setzten sich die Airlines durch, nicht zuletzt mit dem berechtigten Hinweis, dass Flugzeuge dazu tendieren, im Laufe ihres Produktionszyklus schwerer zu werden, und dass das Pratt & Whitney-Triebwerk in dieser Hinsicht größeres Potential bot. Noch in einem weiteren Punkt zog Jack Steiner den Kürzeren. Er hatte für die 727 dieselbe 35-Grad-Flügelpfeilung vorgesehen, die sich schon bei der 707 bewährt hatte, doch speziell bei United (die DC-8-Tragflächen waren weniger stark gepfeilt) war man dagegen. Als Kompromiss einigte man sich schließlich auf eine Pfeilung der Flügelvorderkante von 32 Grad, wobei der Winkel unmittelbar am Rumpf noch etwas größer wurde. Wenigstens ergab sich in gewissem Umfang ein Einsparpotential dadurch, dass der Rumpfdurchmesser und damit wesentliche Komponenten von der 707/720-Baureihe übernommen werden sollten.

Mitte 1960 waren die Arbeiten an dem neuen Kurz- und Mittelstreckenmuster soweit fortgeschritten, dass man Nägel mit Köpfen machen konnte. Falls bis zum 1. Dezember des Jahres 100 Festbestellungen vorlagen, sollte die 727 ins Rennen geschickt werden. Das Boeing-Team konzentrierte die Verkaufsbemühungen auf United und Eastern, denn American hatte sich gerade erst eine größere Electra-Flotte zugelegt und schien sehr zufrieden mit den Flugzeugen zu sein, und die in finanziellen Nöten steckende TWA hatte schon genug Mühe gehabt, das Geld für die 707 aufzutreiben. Die Arbeit der Verkäufer wurde auch dadurch erschwert, dass die bereits erwähnten Forderungen der diversen potentiellen Kunden, aber auch weitere Wünsche wie die nach Treppen im Heck und an der vorderen linken Passagiertür sowie nach einer Hilfsgasturbine, die im rechten Hauptfahrwerksschacht eingebaut wurde, die 727 im Laufe der Entwicklung beständig größer, schwerer – und teurer gemacht hatten. Dennoch: Ende November unterzeichneten Eastern und United Bestellungen für 40 beziehungsweise 20 Flugzeuge, wobei sich United Airlines zusätzlich noch 20 Optionen sicherte. Das waren zwar noch nicht die gewünschten 100 Aufträge, doch genug, um Bill Allen zu überzeugen, zumal man hoffte, dass schon rasch weitere Bestellungen folgen würden. In der Tat orderte Lufthansa nur wenig später zwölf Flugzeuge, und im Sommer 1961 folgte American Airlines mit einem Auftrag über 25 Boeing 727.

Bei der 707 hatten unzählige Änderungen während der Entwicklung und später während der Produktion die Kosten beträchtlich in die Höhe getrieben und das Erreichen der Gewinnschwelle immer weiter verschoben; eine Erfahrung, auf die Boeing bei der 727 nur zu gerne verzichten wollte. Aus diesem Grund entschloss man sich zum Bau eines firmeneigenen Flugzeugs, das für die Erprobung künftiger Verbesserungen genutzt werden sollte, und einer Testzelle für statische Belastungsversuche, auch wenn dadurch die Programmkosten weiter in die Höhe getrieben wurden.

Am 27. November 1962 wurde der gelb und braun lackierte Prototyp – die Farben, die auch schon die 367-80 getragen hatte – aus der Werkshalle in Renton gerollt; am Bug die Logos jener Fluggesellschaften, die den neuen Jet bereits geordert hatten. Und am 9. Februar 1963 war es dann soweit: Mit den Piloten Lew Wallick und Dix Loesch sowie dem Flugingenieur Marvin Shulenberger im Cockpit hob die erste Boeing 727 zu ihrem Jungfernflug ab. Die folgende Flugerprobung verlief – abgesehen von einigen anfänglichen Problemen mit den nagelneuen JT8D-Triebwerken – weitgehend reibungslos. Die umfangreichen und sorgfältigen Vorarbeiten zahlten sich aus. Zur Freude von Jack Steiner und seiner Mannschaft zeigte die 727 zudem bessere Leistungen, als sie vorherberechnet hatten. Versuchsweise durchgeführte Starts und Landungen auf dem New Yorker Flughafen La Guardia bewiesen nicht nur, dass das neue Flugzeug auch für die dortige kurze Piste geeignet war, sondern überzeugten darüber hinaus die lärmempfindlichen Anwohner, die sich lange gegen den Einsatz von Jets auf ihrem Flughafen gewehrt hatten, von der 727 – wobei günstige Witterungsbedingungen dem Vernehmen nach ihren Teil beigetragen haben sollen. Wie dem auch sei, unumstritten war, dass die Boeing 727 alle in sie gesetzten Erwartungen mehr als erfüllte und sich, sobald sich die Fluggesellschaften ein Bild von ihrer Leistungsfähigkeit gemacht hatten, fast von selbst verkaufte. Mochte sie auch größer und teurer geworden sein, als Boeing am Beginn der Entwicklung geplant hatte, sie traf genau zum richtigen Zeitpunkt auf einen Markt, der offensichtlich nur auf ein derartiges Flugzeug gewartet hatte. Die richtige Kapazität, kombiniert mit der Effizienz der neuen JT8D-Triebwerke und den herausragenden Kurzstarteigenschaften machte sie im Prinzip konkurrenzlos. Eine Welttournee, zu der der Prototyp im November 1963, noch vor der Zulassung, aufbrach und in deren Rahmen mehr als 40 Flughäfen in gut zwei Dutzend Ländern besucht wurden, brachte weitere Verkäufe und festigte den Ruf des noch jungen Flugzeugs als vielseitig einsetzbares Muster.

Am 24. Dezember 1963 wurde die Zulassung erteilt, und am 1. Februar 1964 nahm Eastern Air Lines als erste Fluggesellschaft den Flugbetrieb mit dem neuen dreistrahligen Kurz- und Mittelstreckenflugzeug auf. Bei der Lufthansa wurde der „Europa Jet" erstmals am 16. April desselben Jahres eingesetzt. Die an die deutsche Fluggesellschaft gelieferten Flugzeuge trugen die Bezeichnung 727-30, denn die erste Serienversion verfügte ursprünglich nicht über eine Modellnummer. Sie wurde erst nachträglich, nachdem Boeing die längere 727-200

auf den Markt gebracht hatte, in 727-100 umbenannt, was dazu führte, dass beispielsweise American Airlines sowohl 727-23 als auch praktisch identische, aber später bestellte 727-123 in ihrer Flotte betrieb.

Bis 1972 lieferte Boeing insgesamt 571 Exemplare der verschiedenen 727-100-Varianten aus. Zu der reinen Passagierversion, die bei einer Ein-Klassen-Bestuhlung Platz für 131 Fluggäste bot, gesellte sich schon bald die 727-100C („Convertible"), die 1964 vorgestellt und zwei Jahre später erstmals ausgeliefert wurde. Analog zur 707-300C verfügte sie über eine große Frachttür auf der vorderen linken Rumpfseite und konnte relativ rasch von der Passagier- in die Fracht- oder Kombivariante umgerüstet werden. Als 727QC („Quick Change") wurden jene 727-100C bezeichnet, bei denen sämtliche Kabinenelemente – Teppiche, Sitze, Küchen, Toiletten – auf Paletten installiert waren, die mit Hilfe von Gabelstaplern in weniger als einer Stunde ein- beziehungsweise ausgeladen werden konnten. So war es möglich, ein und dasselbe Flugzeug tagsüber für den Passagierverkehr und nachts für Frachtflüge zu nutzen.

UPS, einer der größten Betreiber von 727-100-Frachtern, ließ seine komplette Flotte ab 1992 von dem auf derartige Arbeiten spezialisierten Unternehmen Dee Howard auf Rolls-Royce-Tay-Turbofantriebwerke umrüsten. Damit erfüllen die Jets, die bei dieser Gelegenheit auch ein Glascockpit erhielten und äußerlich leicht an den größeren Motorengondeln sowie dem voluminöseren zentralen Lufteinlauf zu erkennen sind, die Lärmvorschriften nach Stage III.

727-200

Die größten Verkaufserfolge erzielte Boeing jedoch mit der 727-200, die ab Ende 1967 ausgeliefert wurde und von der insgesamt 1.260 Exemplare die Werkshallen in

Die Entwickler hatten für die 727 ursprünglich Triebwerke von Rolls-Royce vorgesehen, doch mehrere Kunden drängten darauf, statt dessen das nagelneue JT8D von Pratt & Whitney zu verwenden, dessen schlanke Form auf dieser Aufnahme einer 727 der Royal Air Maroc gut zu erkennen ist.

Speziell auf den hochgelegenen
Flughäfen Latein- und
Südamerikas – wie hier Arequipa im
Süden Perus – ist die Boeing 727
auch heute noch häufig anzutreffen.
Auf dieser Aufnahme einer 727-51
der peruanischen Aero Continente
ist die unmittelbar vor der
Flügelvorderkante platzierte
Service-Tür auf der rechten
Rumpfseite gut zu erkennen. Bei der
längeren 727-200 wanderte diese
Tür dann weiter nach vorne, direkt
hinter das Cockpit.

Eine 727-200 Advanced der
venezolanischen Santa Barbara
Airlines auf dem Flughafen von
Quito in Ecuador

Landung einer 727-200 Advanced der LAB (Lloyd Aéreo Boliviano) in La Paz, Bolivien

Renton verließen. Ein um jeweils gut drei Meter vor und hinter den Tragflächen gestreckter Rumpf verlieh dem Modell, das damit länger war als die 707-300, eine maximale Kapazität von 189 Passagieren. Einen besseren Beweis für die rasante Entwicklung des Luftverkehrs konnte es nicht geben, galt die ursprüngliche 727 einer Reihe von Kunden bei ihrem Erscheinen doch noch als zu groß. Ansonsten beschränkten sich die Veränderungen auf den Einbau der etwas stärkeren JT8D-9-Triebwerke (später JT8D-17) und eine Erhöhung der Treibstoffkapazität, ein deutlicher Beleg für die Qualität des ursprünglichen Entwurfs. Eine abermalige Vergrößerung des Treibstoffvorrats, die Möglichkeit zur Installation von Zusatztanks in den Frachträumen, nochmals leistungsstärkere und leisere Antriebe (JT8D-17R) mit jeweils 77,5 kN Schub und eine umfassend neu gestaltete Kabine waren die Kennzeichen der 727-200 Advanced, die 1972 auf den Markt kam.

Nur die letzten 15 Boeing 727 wurden direkt ab Werk als Frachter 727-200F ohne Fenster und mit großer Cargotür auf der linken Rumpfseite gebaut. Allerdings wurde eine ganze Reihe ausgedienter Passagierflugzeuge später für die Frachtbeförderung umgerüstet. In Europa sind diese Cargoflugzeuge heute nur noch selten zu sehen, aber auf Flughäfen in Nordamerika und Afrika sind sie nach wie vor häufig zu Gast. Wenn auf einem europäischen Airport heutzutage eine 727 landet, ist es in der Regel eines jener Exemplare, die für VIP-Einsätze um- und dabei häufig mit Winglets an den Flügelspitzen ausgerüstet wurden.

Als die Boeing 727 mit dem Kennzeichen N217FE am 18. September 1984 im Rahmen einer feierlichen Zere-monie an Federal Express übergeben wurde, hatte Boeing insgesamt 1.832 Exemplare des eleganten Dreistrahlers produziert. Das Drei-Mann-Cockpit sowie die Triebwerke, die aufgrund des geringem Nebenstromverhältnisses vergleichsweise laut und durstig waren, machten das Flugzeug zunehmend uninteressant für die Airlines, zumal bei Boeing mit der zweimotorigen 757-200 bereits ein modernerer Nachfolger bereitstand. Während die 727 bei vielen europäischen Fluggesellschaften in der Folge rasch ausgemustert wurde, stand sie vor allem in Nordamerika noch lange Jahre im Einsatz. Delta Air Lines, mit mehr als 100 Bestellungen einer der größten 727-Kunden (United hatte mehr als 200, American über 150 Flugzeuge geordert), schickte das letzte Exemplar erst 2003 in den verdienten Ruhestand. Praktisch alle wichtigen Fluggesellschaften jener Jahre (mit Ausnahme der britischen Airlines, die auf heimische Produkte setzen) hatten das Flugzeug, für dessen Realisierung Jack Steiner so lange hatte kämpfen müssen, in ihre Flotten aufgenommen. Zum Zeitpunkt der Produktionseinstellung konnte kein Passagierjet größere Stückzahlen aufweisen, genau genommen war überhaupt kein Verkehrsflugzeug bis dahin in höherer Auflage produziert worden, denn die meisten DC-3, die ab 1945 von Fluggesellschaften in aller Welt eingesetzt wurden, waren ursprünglich als C-47 oder Dakotas an das Militär geliefert und später für den zivilen Betrieb umgerüstet worden. Inzwischen haben Boeing 737 und die Airbus-A320-Familie diese Rekordmarke übertroffen, aber den Ruf als eines der schönsten, wenn nicht das schönste Verkehrsflugzeug(e) überhaupt wird der 727 so schnell wohl niemand nehmen.

727-Zeitreise	
05.12.1960	Programmstart nach Bestellungen von American und United
09.02.1963	Erstflug der 727
29.10.1963	Erste Auslieferung einer 727 an United
13.04.1966	Erste Auslieferung der 727QC
27.07.1967	Erstflug der 727-200
11.12.1967	Erste Auslieferung der 727-200 an Northeast Airlines
18.09.1984	Letzte Auslieferung einer 727-200F an Federal Express

737 – Das erfolgreichste Verkehrsflugzeug der Welt

40 Jahre nach ihrem Jungfernflug wird die Boeing 737 noch immer gebaut.

Anders als die Konkurrenten Douglas bei der DC-9 und British Aircraft Corporation bei der BAC 1-11 entschied sich Boeing bei der 737 für die Installation der Triebwerke unter den Tragflächen. Eine Entscheidung, die sich langfristig bezahlt machen sollte, weil sich das Flugzeug so leichter strecken ließ.

Seite 56/57: Es gibt wohl kaum einen Airport auf dieser Welt, der noch nie eine Boeing 737 gesehen hat. Diese 737-300 der brasilianischen Varig startet vom Flughafen La Paz in Bolivien.

Wer die Geschichte der Boeing 737 beschreiben will, kommt um Superlative nicht herum. Kein Verkehrsflugzeug wurde in größeren Stückzahlen gebaut, keines über einen längeren Zeitraum produziert (wobei die 747 der 737 zumindest in diesem Punkt dicht auf den Fersen ist), und nachdem Ende 1997 die ersten Exemplare der dritten Generation ausgeliefert wurden, dauerte es gerade einmal sechs Jahre, bis das 1.500. Flugzeug die Werkshallen verließ. Durchschnittlich sind zu jedem Zeitpunkt etwa 1.250 der mehr als 5.000 bislang ausgelieferten Boeing 737 in der Luft, und weit über 500 Fluggesellschaften setzen den nahezu unverwüstlichen Dauerbrenner aus Seattle ein. Seit Indienststellung des ersten Flugzeugs im Jahr 1968 haben alle Boeing 737 zusammengenommen mehr als 120 Milliarden Kilometer zurückgelegt, sind also rechnerisch über 400 Mal von der Erde zur Sonne und zurück geflogen. Dennoch: Zu behaupten, die Karriere des meistverkauften Verkehrsflugzeugs der Welt habe eher verhalten begonnen, wäre noch drastisch untertrieben. Tatsache ist vielmehr, dass das 737-Programm zunächst weder auf übergroßen Enthusiasmus bei Boeing noch auf reges Interesse der Airlines stieß.

Überlegungen, die Verkehrsflugzeug-Produktpalette durch ein kleineres Muster abzurunden, hatte es bei Boeing bereits Anfang der sechziger Jahre gegeben, also noch

bevor die ersten 727 in Dienst gestellt wurden. Allerdings hatten die Entwicklungsingenieure zu dieser Zeit auch so genug zu tun, und als sich Boeing 1964 ernsthafter mit dem Thema 737 zu beschäftigen begann, verfügten andere Hersteller bereits über einen nicht unerheblichen Vorsprung. In Großbritannien hatte die British Aircraft Corporation (BAC), in der 1960 mehrere heimische Flugzeugproduzenten zusammengeschlossen worden waren, die von Hunting Aircraft schon Mitte der fünfziger Jahre begonnenen Arbeiten an einem düsengetriebenen Nachfolger der Turboprop Vickers Viscount weitergeführt. Die mit zwei Spey-Triebwerken von Rolls-Royce ausgerüstete BAC 1-11 („One-Eleven") startete am 20. August 1963 zu ihrem Jungfernflug und fand Kunden nicht nur in ihrem Heimatland, sondern auch in den USA. Dort, genauer gesagt in Long Beach, entstand etwa zur gleichen Zeit die DC-9, allerdings eine ganz andere DC-9 als jenes vierstrahlige Muster, das Douglas nur wenige Jahre zuvor erfolglos als Alternative zur 727 angeboten hatte. Nun stellte die DC-9 durchaus eine Gefahr für Boeing dar, schließlich zielte sie mit ihrer Kapazität von 90 Sitzplätzen und einer Reichweite von mehr als 2.000 Kilometern auf den unteren Rand des von der 727 beanspruchten Marktes.

Heutzutage sind Großaufträge für 50, 100 oder mehr Boeing 737 oder Airbus A320 zwar noch nicht an der

Tagesordnung, aber auch längst keine Ausnahme mehr. Damals jedoch galt ein Verkehrsflugzeugprogramm schon als großer Erfolg, wenn wie bei der französischen Caravelle mehr als 200 Exemplare verkauft werden konnten. Und obwohl in jenen Jahren weitgehend Einigkeit darüber herrschte, dass ein Bedarf an düsengetriebenen Verkehrsflugzeugen auch auf Kurzstrecken existierte, stellte sich für Boeing doch die Frage, ob dieser Markt ausreichend Potential für ein weiteres Flugzeugmuster bot. Auch die mindestens zwei Jahre, die die Konkurrenten zeitlich voraus waren, wollten bei derartigen Überlegungen berücksichtigt werden. Entsprechend gering war innerhalb des Unternehmens anfangs der Enthusiasmus für das Projekt 737, aber wie schon bei „seiner" 727 war es wiederum Jack Steiner, der die Arbeiten an dem neuen Kurzstreckenjet vorantrieb. Es heißt, er habe sogar unter Umgehung von Boeings President Bill Allen versucht, Mitglieder des Verwaltungsrats in seinem Sinne zu beeinflussen. Wie dem auch sei – jedenfalls gelang es ihm schließlich, Allen zu überzeugen, und das Programm wurde im November 1964 gestartet.

„Rote" und „blaue" Konzepte

Die ersten Entwürfe für ein Kurzstreckenflugzeug, das die Produktpalette nach unten abrunden und den Airlines quasi als „Einstiegsmuster" für den späteren Wechsel auf größere – und damit für Boeing potentiell gewinnbringendere – Muster dienen sollte, hatten nur wenig Ähnlichkeit mit der 737, wie sie seit vier Jahrzehnten auf Flughäfen in aller Welt zu Hause ist. Es schien unter den Herstellern damals so etwas wie eine stille Übereinkunft dahingehend zu bestehen, dass ein Kurzstreckenjet über am Heck installierte Triebwerke und ein T-Leitwerk verfügte. Die BAC 1-11 sah so aus, ebenso die DC-9 und die Tupolew TU-134, und auch Trident und 727 folgten diesem Konstruktionsprinzip, das in Grundzügen schon bei der Caravelle, dem Pionier in dieser Kategorie, angewandt worden war. Allerdings war das Höhenleitwerk bei dem französischen Entwurf noch auf halber Höhe des Seitenleitwerks und nicht an dessen oberen Ende angebracht. Folgerichtig „waren wir dabei, noch ein Flugzeug mit Hecktriebwerken und T-Leitwerk zu entwerfen", erinnert sich Joe Sutter mehr als 40 Jahre später. Ein Flugzeug, für das seine Entwickler zunächst übrigens gerade einmal 50 bis 65 Sitzplätze vorgesehen hatten. Doch das sollte sich bald ändern, ebenso wie die grundsätzliche Auslegung. Als Aerodynamiker hatte Sutter schon aus Prinzip Bauchschmerzen beim Gedanken an ein T-Leitwerk, denn derart konzipierte Flugzeuge sind anfällig für ein als „Deep Stall" bezeichnetes Phänomen, bei dem das Höhenleitwerk bei großen Anstellwinkeln nach einem Strömungs-

abriss an den Tragflächen praktisch im „Schatten" der Flügel liegt, also nicht mehr angeströmt wird und somit auch nicht mehr für eine Änderung des Flugzustands genutzt werden kann. Hinzu kam, dass Steiner für eine Beibehaltung des 707- und 727-Rumpfquerschnitts plädierte, zum einen, um Entwicklungskosten zu sparen und so viele bestehende Komponenten wie möglich übernehmen zu können, zum anderen, weil der breitere Rumpf bei gleicher Länge eine höhere Passagierkapazität ermöglichte. Die anderen zweistrahligen Flugzeuge gestatten die Installation von vier oder fünf Sitzen pro Reihe, bei einer 737 mit 707-Querschnitt würden es dagegen sechs Sitze sein. Dass das dabei entstehende Flugzeug vergleichsweise kurz und dick und damit nicht gerade eine Schönheit sein würde, nahm man gerne in Kauf. Problematischer war ein anderer Punkt: Durch den gedrungenen Rumpf würden die Triebwerke in unmittelbarer Nähe der Flügelhinterkante und der dort vergleichsweise unruhigen Luftströmung positioniert sein, was unter Umständen Auswirkungen auf ihre Leistung haben konnte.

„Es muss eine bessere Lösung geben", dachte sich Sutter und machte sich ans Werk. Und zwar, wie er selbst erzählt, mit der Schere. Aus einer Zeichnung einer frühen Projektstudie schnitt er die Triebwerke heraus und bewegte sie so lange um das Flugzeug herum, bis er die seiner Meinung nach optimale Position gefunden hatte. Warum sollte man sie nicht an den Tragflächen anbringen? Allerdings schied eine Lösung à la 707, bei der die Motoren an Aufhängungen unter und vor den Flügeln installiert waren, aus. Eine solche Konstellation hätte bei der Kürze des Flugzeugs einen zu geringen Abstand zwischen Passagiertür und Triebwerkseinlauf mit sich gebracht. Zudem hätte der nötigen Bodenfreiheit wegen das Fahrwerk verlängert werden müssen. Das konnte den Fluggesellschaften nicht gefallen, denn Kurzstreckenflugzeuge lassen sich umso profitabler einsetzen, je kürzer die Bodenstandzeiten sind. Und das erreicht man am besten dadurch, dass für die während dieser Zeit durchzuführenden Tätigkeiten wie Ein- und Ausladen von Gepäck, Betanken, Abwässer- und Frischwasserversorgung sowie kleinere Wartungsarbeiten keine Leitern oder Hubfahrzeuge erforderlich sind. Die Lösung, die Joe Sutter schließlich fand, war simpel – und nicht einmal neu. Boeing hatte sie bereits bei dem sechsstrahligen B-47-Bomber verwendet, dessen äußere Triebwerke nämlich nicht an einer Aufhängung, sondern direkt an den Tragflächen befestigt waren. Das schien auch bei der 737 möglich, so lange die Motoren nur so weit hinten platziert wurden, dass die Turbinensektion hinter dem hinteren Flügelholm lag. Auf diese Weise konnte der zwischen den beiden Holmen angeordnete Tank keinen Schaden neh-

737-100/200-Zeitreise	
15.02.1965	Erste Bestellung durch Lufthansa
17.01.1967	Rollout der 737-100
09.04.1967	Erstflug der 737-100
29.06.1967	Rollout der 737-200
08.08.1967	Erstflug der 737-200
15.12.1967	Zulassung der 737-100
21.12.1967	Zulassung der 737-200
28.12.1967	Erste Auslieferung der 737-100 an Lufthansa
29.12.1967	Erste Auslieferung der 737-200 an United Airlines
18.09.1968	Erstflug der 737-200C
30.10.1968	Erste Auslieferung der 737-200C
15.04.1971	Erstflug der 737-200 adv.
20.05.1971	Erste Auslieferung der 737-200 adv.
08.08.1988	Letzte Auslieferung einer 737-200 adv.

men, sollte sich das Triebwerk in der Luft zerlegen. Sutter marschierte mit seinem Vorschlag zu Jack Steiner, der von der Idee durchaus angetan war. Um herauszufinden, welche Lösung nun wirklich die bessere war, wurden zwei Mannschaften gebildet. Das „rote" Team mit Steiner sollte die ursprüngliche Konfiguration mit Hecktriebwerken untersuchen, das „blaue" Team unter Sutter das neue Konzept. Das Ergebnis lag schneller als erwartet vor und war eindeutig: Sutters Vorschlag gestattete bei ansonsten identischen Flugzeugen die Mitnahme von sechs zusätzlichen Passagieren. Der Ende 1964 festgeschriebene 737-Entwurf sah folglich die Installation der beiden JT8D-Triebwerke direkt unter den Flügeln und ein konventionelles Leitwerk vor.

Ansonsten bedienten sich die Entwickler so weit wie möglich bei den vorangegangenen Boeing-Jets. Das betraf ganz besonders Rumpf und Kabine, wobei letztere dank neu gestalteter Decken- und Wandverkleidungen sowie einer modifizierten Beleuchtung großzügiger wirkte. Auch das Cockpit der 737 wies große Ähnlichkeit mit dem der 727 auf, war aber grundsätzlich für eine nur zweiköpfige Crew ausgelegt. Boeing war überzeugt, auf den Flugingenieur verzichten zu können, so wie es Douglas bei der DC-9 und BAC bei der One-Eleven auch gehalten hatten. Allerdings machte die Pilotenvereinigung ALPA Druck auf die FAA, dergleichen bei Boeings Jet nicht zu gestatten. Die Zulassungsbehörde sah sich schließlich genötigt, den Hersteller zu einer ganzen

Reihe von Untersuchungen aufzufordern, die die Sicherheit eines Flugbetriebs mit einem Zwei-Personen-Cockpit nachweisen sollten. Was letztlich auch zur vollen Zufriedenheit aller Beteiligten – inklusive der ALPA – gelang. Doch bis dahin hatte Boeing bereits bei mehreren Verkaufskampagnen den Kürzeren gezogen. Die Airlines wollten nicht das Risiko eingehen, eventuell einen dritten Mann bezahlen zu müssen, der ja bedingt durch die Auslegung des Cockpits nichts zu tun haben würde, weil er außer Reichweite sämtlicher Schalter und Instrumente saß. In der Tat flogen einige Fluggesellschaften aufgrund vertraglicher Abmachungen mit ihren Gewerkschaften die 737 später mit einer dreiköpfigen Besatzung, hatten somit jedes Mal im Prinzip einen nicht zahlenden, aber gut bezahlten „Passagier" an Bord. Und weil sich Geschichte bekanntlich gerne wiederholt, gab es ein Jahrzehnt später vergleichbare Diskussionen bei der Einführung von Boeings 767 sowie A300-600 und A310 ...

Selbst wenn es auf den ersten Blick nicht zu erkennen war, so waren die Tragflächen der 737 doch fast maßstabsgetreue Verkleinerungen der 727-Flügel, allerdings betrug die Pfeilung nur 25 Grad. Das zog zwar eine – auf Kurzstrecken allerdings nicht ganz so nachteilige – geringere Reisegeschwindigkeit nach sich, sorgte andererseits aber für ausgezeichnete Start- und Landeeigenschaften auch auf kürzesten Pisten. Ein weiterer Unterschied zeigte sich bei einem Blick von vorn: Die V-Stellung der Tragflä-

Um die Vielseitigkeit des neuen Jets zu demonstrieren, führte Boeing Starts und Landungen auch auf unbefestigten Pisten durch.

Die erste für Lufthansa bestimmte Boeing 737-100 vor der Auslieferung in Seattle

chen war anders als bei der 727 nicht über die komplette Spannweite konstant, sondern vergrößerte sich ab jener Stelle, an der die Triebwerke befestigt waren.

Die 737, die zu diesem Zeitpunkt bereits zu einem 85-Sitzer gewachsen war und damit anders als bei den ersten Studien der Kapazität von BAC 1-11 und Douglas DC-9 sehr nahe kam, sollte auch von Flughäfen mit nur mangelhaft ausgebauter Infrastruktur eingesetzt werden können, weshalb eine Hilfsgasturbine (allerdings nicht wie bei der 727 im Fahrwerksschacht, sondern im Heck eingebaut) und eine ausfahrbare Treppe an der vorderen linken Tür zur Standardausrüstung gehörten.

Erstkunde Lufthansa

Steiner und Sutter erhielten für das Patent auf diesen Entwurf von ihrem Arbeitgeber die auch zu jener Zeit nicht eben stolze Summe von jeweils 50 Dollar, das Unternehmen aber ein Flugzeug, das über die folgenden Jahrzehnte zum echten Goldesel werden sollte. Auch wenn es anfangs gar nicht danach aussah. Zwar hatte Boeing-Chef Allen im Herbst 1964 die Erlaubnis zum Programmstart erteilt, gebaut werden sollte die 737 allerdings nur unter der Voraussetzung, dass sich eine ausreichend große Zahl von Kunden finden ließ. Das wiederum war, wie sich bald zeigen sollte, schwieriger als erwartet. Nicht nur wegen des bereits erwähnten anfänglich noch ungelösten Problems des dritten Manns im Cockpit (damals war es normalerweise noch ein Mann!), sondern auch und vor allem wegen des zeitlichen Vorsprungs der DC-9, die am

25. Februar 1965 ihren Erstflug absolvierte und noch vor Ende desselben Jahres in Dienst gestellt werden sollte.

Viele US-Fluggesellschaften, die aufgrund der Größe des dortigen Marktes am ehesten für ausreichend umfangreiche Bestellungen hätten sorgen können, hatten sich bereits für eines der beiden konkurrierenden Muster entschieden, so dass die Deutsche Lufthansa schon bald zu einem der aussichtsreichsten Erstkunden wurde. Noch nie zuvor war ein US-amerikanisches Flugzeugprogramm nach der Bestellung einer ausländischen Airline gestartet worden, aber die Lufthanseaten brauchten dringend einen Jet, der ihre Propellerflugzeuge der Typen Convair CV 340/440 und Vickers Viscount auf den Kurzstrecken ablösen sollte. Die deutsche Fluggesellschaft war sehr angetan von der 737, nicht zuletzt wegen der vielen Gemeinsamkeiten mit den bereits im Einsatz stehenden 707, 720 und 727, wünschte sich aber eine etwas größere Kapazität – und vor einer Bestellung die Zusicherung, dass Boeing das Flugzeug auch wirklich bauen würde. Doch ohne weitere Kunden wollte sich der Hersteller darauf zunächst nicht einlassen. Erst als sich herauskristallisierte, dass die Lufthansa bei einer weiteren Verzögerung bei Douglas, wo attraktive Lieferpositionen lockten, kaufen würde, traf der Verwaltungsrat Anfang 1965 den Beschluss, das Flugzeug basierend einzig auf einer Bestellung durch Lufthansa zu bauen – er behielt sich aber ausdrücklich das Recht vor, bei fehlenden weiteren Aufträgen das Programm auch wieder zu streichen. Jetzt galt es also noch, den Lufthansa-Auf-

Boeing 2707 (SST)

Bereits Anfang der fünfziger Jahre hatte Boeing erste Untersuchungen hinsichtlich der Machbarkeit eines überschallschnellen Passagierflugzeugs („supersonic transport" – SST) angestellt, doch erst gut zehn Jahre später, nachdem die US-Regierung ein nationales Überschallprogramm aufgelegt hatte, wurden die Arbeiten konkreter. Gefordert war ein Flugzeug, das etwa 300 Passagiere mit einer Geschwindigkeit von bis zu Mach 2,7 befördern konnte, und mehrere Hersteller reichten Vorschläge ein. Boeing baute sogar ein Mockup des geplanten SST mit der Bezeichnung 2707, das am 31. Dezember 1966 als Sieger aus der Ausschreibung hervorging. 26 Fluggesellschaften aus aller Welt hatten sich Lieferpositionen für zusammen 122 Flugzeuge gesichert. Die Entwicklungsarbeiten waren schon weit fortgeschritten, und der Bau des ersten Prototypen hatte bereits begonnen, als der Kongress im Jahr 1971 die Einstellung des Programms beschloss.

737-300/400/500-Zeitreise

05.03.1981	Erste Bestellung für 737-300 durch Southwest Airlines
17.01.1984	Rollout der 737-300
24.02.1984	Erstflug der 737-300
14.11.1984	FAA-Zulassung der 737-300
28.11.1984	Erste Auslieferung der 737-300 an US Air
19.02.1988	Erstflug der 737-400
15.09.1988	Erste Auslieferung der 737-400 an Piedmont
30.06.1989	Erstflug der 737-500
28.02.1990	Erste Auslieferung der 737-500 an Southwest Airlines
25.02.2000	Letzte Auslieferung einer 737-400 an CSA Czech Airlines

sichtsrat zu überzeugen, und der US-Hersteller durfte sich glücklich schätzen, Technikvorstand Gerhard Höltje auf seiner Seite zu wissen. Es wäre vielleicht etwas vermessen, Höltje, der schon 1955 zu den „Geburtshelfern" der neuen Lufthansa gehört hatte, als einen der „Väter" der 737 zu bezeichnen, aber er hatte sicherlich großen Anteil daran, dass das Flugzeug gegen viele Widerstände dann doch gebaut wurde. Die erlösende Nachricht für Boeing – und Höltje – kam am 15. Februar 1965. Lufthansa würde 21 Exemplare der Boeing 737 bestellen, aus der zwischenzeitlich ein 100-Sitzer geworden war, weil der deutschen Fluggesellschaft die vom Hersteller vorgesehene Kapazität von nur 85 Passagieren zu gering erschien.

Andere Fluggesellschaften dachten ähnlich, namentlich United Airlines, die am 5. April 1965 gleich 40 Boeing 737 orderte – allerdings in der größeren Version 737-200, in deren um knapp zwei Meter verlängertem Rumpf bis zu 130 Fluggäste Platz fanden. Gerade einmal fünf Dutzend Aufträge, aber schon zwei Versionen – das musste den Kaufleuten innerhalb des Unternehmens den Angstschweiß auf die Stirn treiben. Zumal sich schon bald abzeichnete, dass die Fluggesellschaften das längere Modell, dessen Abmessungen ansonsten unverändert blieben, das aber über leistungsstärkere Varianten des JT8D-Triebwerks in etwas längeren und „leiseren" Ver-

kleidungen verfügte, bevorzugten. Gerade einmal 30 Exemplare der 737-100 konnte Boeing verkaufen, darunter den Prototypen, der später von der NASA übernommen wurde, und 22 Flugzeuge für die Lufthansa. Die übrigens ihren ersten Jet am 28. Dezember 1967 übernahm und am 10. Februar 1968 auch offiziell in Dienst stellte – ziemlich genau zehn Monate nach dem Erstflug. Die 737-200 folgte ihrer kleineren Schwester praktisch auf dem Fuß: Auf den Jungfernflug am 8. August 1967 folgte am 29. Dezember die erste Auslieferung an United, die mit ihrem neuen Kurzstreckenmuster am 28. April des folgenden Jahres den Linienverkehr aufnahm.

Es blieb nicht bei diesen beiden Modellen. Wie schon bei der 707 und der 727 offerierte Boeing auch von der 737-200 eine „Convertible"-Version, die über ein Frachttor auf der linken Rumpfvorderseite verfügte, sowie eine „Quick Change"-Variante, deren technische Details praktisch identisch zu denen der 727QC waren.

Mehrmals vor dem Aus

Renton ist, wie jeder weiß, der sich nur ein wenig mit Boeings Verkehrsflugzeugen beschäftigt, die „Heimat" der 737. Das war allerdings nicht immer der Fall. Denn Ende der sechziger Jahre war das dortige Werk mit der Produktion von 707 und 727 gut ausgelastet, während Plant 2 am

Eine 737-200 der USAir auf dem Flughafen von Boston.

Boeing Field als nicht mehr zeitgemäß angesehen wurde, so dass sich das Unternehmen nach einem anderen Standort für die 737-Endmontage umsehen musste. Eine Zeitlang galt Wichita, wo die Rümpfe des Kurzstreckenjets entstanden und auch heute noch entstehen, als erste Wahl, ehe Boeing ein Gelände in unmittelbarer Nähe des Boeing Fields erwarb und dort eine Halle für die Fertigung des neuen Kurzstreckenjets errichtete. Sämtliche 737-100 und die ersten 241 Exemplare der 737-200 entstanden hier, ehe die Produktion gegen Ende 1970 dann doch ins Werk Renton verlagert wurde.

Erleichtert wurde der Umzug durch transportable Fertigungsvorrichtungen, die für den Fall angeschafft worden waren, dass die 737 eines Tages doch komplett in Wichita gebaut werden sollte. Sie boten aber auch die verlockende Möglichkeit, das ganze Programm zu verkaufen. In der Tat gab es 1970 ernsthafte Überlegungen bei Boeing, die 737 der japanischen Luftfahrtindustrie anzubieten, nicht zuletzt, um die zu jener Zeit sehr angespannte finanzielle Situation des Unternehmens aufzubessern. Nur drei Jahre später stand das Programm erneut vor dem Aus, denn die Ölkrise forderte ihren Tribut. 1972 waren gerade noch 14 Bestellungen eingegangen, die Zahl der Auslieferungen war von 114 im Jahr 1969 auf nur noch 22 im Jahr 1972 gesunken – zu wenig, um

eine wirtschaftliche Fertigung zu gewährleisten. Doch glücklicherweise hatte die 737 auch in dieser schweren Zeit innerhalb des Unternehmens genug Fürsprecher, die sich für „ihr" Flugzeug stark machten und eine Einstellung des Programms verhinderten.

Einen leichten Stand hatten sie dabei wahrlich nicht, denn die 737 war in der Anfangszeit nicht nur aufgrund der schleppenden Verkäufe für Boeing alles andere als ein Quell der Freude. Während die 727 ihren Hersteller mit hohen Verkaufszahlen und einer fast problemlosen Erprobungs- und Zulassungsphase verwöhnt hatte, tat ihre kleinere Schwester Boeing denselben Gefallen nicht. So hatten die Ingenieure gehofft, den Flügel leichter konstruieren zu können, da die untergehängten Motoren naturgemäß eine weniger starke Durchbiegung mit sich brachten. Allerdings war man dabei etwas zu optimistisch gewesen, wie sich bei Belastungstests zeigen sollte, als die Tragflächen bei 95 Prozent der so genannten sicheren Last, der größten im Laufe eines Flugzeuglebens zu erwartenden Belastung, brachen und modifiziert werden mussten. Hinzu kam, dass die 737 angesichts größerer und in den Augen vieler Führungskräfte wohl auch wichtigerer Projekte wie der 747 und dem Überschalljet 2707 allenfalls nachrangige Priorität besaß, was sich in einem Mangel an finanziellen und personellen Ressourcen

Aus Europa sind die 737 der ersten Generation weitgehend verschwunden, aber in Amerika und Afrika verrichten sie nach wie vor zuverlässig ihre Dienste – so wie diese 737-200 Advanced der südafrikanischen Kulula, die dabei ist, auf dem Flughafen von Kapstadt zu landen.

Der Billigflugpionier Southwest Airlines aus Dallas setzt eine reine 737-Flotte ein. Einige der Flugzeuge tragen auffällige Sonderbemalungen, so wie diese 737-500, die als „Shamu" einen Killerwal durch die Lüfte trägt.

bemerkbar machte. Boeings „Baby-Jet" erhielt regelmäßig die unerfahrensten Arbeitskräfte zugeteilt, was – in Kombination mit dem Wunsch, den zeitlichen Vorsprung der DC-9 so weit wie möglich aufzuholen – naturgemäß Auswirkungen auf die Qualität hatte. Dann stellte sich im Einsatz sehr schnell heraus, dass das Schubumkehrsystem, das man der Einfachheit halber von der 727 übernommen hatte, wo es mit den gleichen Triebwerken gute Dienste leistete, bei der 737 praktisch wirkungslos war. Boeing sah sich gezwungen, noch einmal 24 Millionen Dollar zu investieren, um wirkungsvollere Schubumkehrer zu entwickeln, die ab 1969 zur Verfügung standen.

1971 wurde die Serienfertigung auf die neue Version 737-200 Advanced umgestellt. Die „Advanced" war etwas schwerer, verfügte aber nicht zuletzt dank einer Reihe aerodynamischer Verbesserungen über eine höhere Reichweite und hatte zweifellos großen Anteil daran, dass sich der zu Beginn seiner Karriere oft als „Luftschweinchen" oder „Fluf" (für „Fat Little Ugly Fella", etwa „kleiner dicker hässlicher Vogel") verspottete Jet zu einem Verkaufsschlager entwickelte. Konnte Boeing 1973/1974 noch froh sein, dass die US-Luftwaffe 19 modifizierte 737-200 unter der Bezeichnung T-43A als Navigationstrainer (mit nur neun Kabinenfenstern auf jeder Seite und zwölf Navi-

gator-Plätzen im Rumpf) erworben hatte, zog der Auftragseingang in den Folgejahren spürbar an, so dass bis zur Einstellung der 737-200-Produktion im Jahr 1988 insgesamt 1.114 Exemplare gebaut wurden.

Die „klassischen" Versionen

Ende der siebziger Jahre hatte sich die 737 zu einem echten Verkaufsschlager gemausert. Allerdings zeichnete sich bereits ab, dass es nicht ewig so weitergehen würde. Die Ölkrise hatte die Kerosinpreise in die Höhe getrieben, und in der Öffentlichkeit regte sich zunehmend Widerstand gegen die als laut empfundenen – und aus heutiger Sicht tatsächlich lauten – Flugzeuge. Abhilfe in beiden Punkten versprach eine neue Generation von Turbofan-Triebwerken mit einem deutlich höheren Nebenstromverhältnis, als es noch das JT8D aufzuweisen hatte. 1974 hatten der US-Triebwerkhersteller General Electric und die französische Snecma (Societé Nationale d'Etude et de Construction de Moteurs d'Aviation) ihre individuellen Arbeiten auf diesem Sektor zusammengelegt und als CFM International (heute nur noch CFM) das CFM56 entwickelt, das anfänglich 20.000 Pfund Schub (89 kN) lieferte und im Februar 1977 zum ersten Mal flog. Boeing überlegte zu jener Zeit, den neuen Antrieb für eine geplante 707-700 zu nutzen und für ältere Exemplare des Vierstrahlers zur Nachrüstung anzubieten. Ein 1979 gestartetes Flugerprobungsprogramm mit einer entsprechend motorisierten 707 brachte zwar durchweg positive Ergebnisse, in Serie ging das Programm jedoch nicht, wohl auch, weil Boeing fürchtete, ein solches Flugzeug werde der neuen 757 Konkurrenz machen. Allerdings wurden im Laufe der Zeit einige der auf der 707 basierenden militärischen Entwicklungen, darunter ein Teil der AWACS-Flotte, nachträglich auf CFM56 umgerüstet. Konkurrent McDonnell Douglas dagegen beschritt diesen Weg auch für seine kommerziellen Produkte und modifizierte die längeren DC-8-Varianten der Serie Super 60 zu DC-8 Super 70 mit CFM56-2-Triebwerken.

Dennoch sollten sich die mit dem neuen Triebwerk gesammelten Erfahrungen auch für Boeing bezahlt machen. 1980 gab Boeing erstmals öffentlich bekannt, an einer gestreckten 737-Version für bis zu 149 Passagiere unter der Bezeichnung 737-300 zu arbeiten. Nachdem USAir und Southwest jeweils zehn Flugzeuge bestellt und weitere je zehn Optionen gezeichnet hatten, wurde das Programm im März 1981 offiziell gestartet. Jetzt zeigte sich, wie richtig die mehr als anderthalb Jahrzehnte zuvor getroffene Entscheidung hinsichtlich der Platzierung der Triebwerke unter den Tragflächen und damit nahe am Schwerpunkt gewesen war. Der Wechsel zu den größeren CFM56 hätte bei einer Anbringung am Heck einen erheblich größeren Aufwand bedeutet, sicherlich einer der Gründe dafür, dass McDonnell Douglas auch bei der etwa zur selben Zeit aus der DC-9 hervorgegangenen MD-80-

Serie (die ihre Karriere als DC-9 Super 80 begonnen hatte) das JT8D beibehielt. Das soll jedoch keinesfalls heißen, dass der Umstieg auf den neuen Antrieb den Boeing-Ingenieuren überhaupt kein Kopfzerbrechen bereitet hätte. Der größere Fandurchmesser verbot eine Unterbringung der Triebwerke direkt an der Flügelunterseite. Die schließlich gewählte Lösung platzierte die beiden CFM56-3 derart vor den Tragflächen, dass die Oberkante des Triebwerkseinlaufs und die Flügeloberfläche ungefähr auf einer Höhe lagen. Doch das allein reichte nicht, eine ausreichende Bodenfreiheit zu gewährleisten. Es war zusätzlich erforderlich, das Bugfahrwerk etwas tiefer im Rumpf anzubringen, einige Anbauelemente, die normalerweise an der Unterseite des Triebwerks installiert wurden, an die Seite zu verlegen und gleichzeitig den Lufteinlauf unten abzuflachen. Das verlieh der 737-300 von vorne ein charakteristisches, wenngleich sehr ungewohntes Aussehen, stellte sich aber interessanterweise als aerodynamisch sogar günstigere Lösung heraus.

Die neuen Triebwerke waren zwar die augenfälligsten, keinesfalls aber einzigen Veränderungen, die Boeing an der neuen 737-Version vornahm, die im Übrigen die 737-200 nicht ablösen, sondern ergänzen sollte. Die Spannweite wurde durch die Verlängerung der Flügelspitzen um jeweils knapp 30 Zentimeter auf 28,88 Meter vergrößert, das Höhenleitwerk legte ebenfalls ein paar Zentimeter zu, und der Rumpf wurde durch das Einfügen zweier 1,12 bzw. 1,52 Meter langer Segmente vor und hinter den Tragflächen auf 32,18 Meter gestreckt. Zur Erhöhung der Längsstabilität wurde das Seitenleitwerk, das

Boeing 7J7

Die 7J7 ist einer jener seltenen Fälle, in denen ein Flugzeugentwurf das Opfer sinkender Treibstoffpreise wurde. Die 7J7 wurde in den achtziger Jahren als 150-sitziges Nachfolgemuster der 727 entwickelt und sollte etwa ab 1992 ausgeliefert werden. Das Flugzeug sollte eine elektronische Flugsteuerung („fly by wire"), ein modernes Glascockpit mit Flüssigkristallbildschirmen und vor allem extrem spritsparende völlig neue Triebwerke erhalten, so genannte Unducted Fans. General Electric hatte für die 7J7 das GE-36 UDF entwickelt, das zwei gegenläufig rotierende Reihen von stark gekrümmten Fanblättern aufwies. Die saßen anders als bei konventionellen Antrieben nicht vorne und innerhalb des Gehäuses, sondern unverkleidet am hinteren Ende des Triebwerks.

Eine 737-400 von Air Berlin vor der Landung auf dem Flughafen der griechischen Insel Korfu

Seite 66/67: Eine 737-400 der Binter Canarias vor dem Start auf Lanzarote

bei den Versionen 737-100 und -200 mit einer sanften Rundung in den Rumpf überging, durch eine auffällige Flosse an seiner Vorderkante vergrößert. Die beim etwas eher gestarteten Doppelprogramm 757/767 gesammelten Erfahrungen führten zu einer Reihe aerodynamischer und struktureller Veränderungen, bescherten der 737-300 vor allem aber ein völlig neu gestaltetes Cockpit. Dort hielten auf Piloten- und Kopilotenseite jeweils zwei Bildschirme zur elektronischen Darstellung des künstlichen Horizonts und des Kompasses Einzug.

Zum ersten Mal ging die 737-300 am 24. Februar 1984 in die Luft, bereits ein Dreivierteljahr später hielt Boeing die Zulassungspapiere in den Händen, so dass Erstkunde USAir am 28. November 1984 das neue Muster in Dienst stellen konnte.

Nachdem Boeing einige Zeit mit einem völlig neuen 150-Sitzer unter Verwendung der revolutionären Propfan-Technologie geliebäugelt, dieses Vorhaben aber letztlich auf unbestimmte Zeit verschoben hatte (siehe Kasten 7J7 auf Seite 65), entschloss sich das Unternehmen im Juni 1986 nach einer Bestellung durch Piedmont Airlines zum Bau der abermals gestreckten 737-400. Der durch das Einfügen zweier Abschnitte um insgesamt drei Meter verlängerte Rumpf bot nun – auch dank eines zusätzlichen Notausgangs über dem Flügel – maximal 168 Fluggästen Platz. Das neue Muster war also nur unwesentlich kleiner als die 707. Die beachtliche Kapazität in Verbindung mit einer Reichweite von 4.000 Kilometern machte die 737-400 zu einem vor allem von Ferienfluggesellschaften gerne eingesetzten Flugzeug. In Deutschland gehörten beispielsweise Hapag-Lloyd und Air Berlin, aber auch die Lufthansa zu den Betreibern. Wichtigster Kunde war allerdings USAir (heute US Airways), die zwischenzeitlich Piedmont übernommen hatte, mit bis zu 36 Flugzeugen.

Abgesehen von einigen durch das höhere Abfluggewicht bedingten strukturellen Verstärkungen und einem Sporn am Heck, der eine Beschädigung des verlängerten Rumpfs beim Start mit hohen Anstellwinkeln verhindern sollte, waren die Veränderungen gegenüber der 737-300 marginal, so dass nach dem Erstflug am 29. April 1988 gerade einmal fünf Monate bis zur Zulassung und Indienststellung vergingen.

Die 737-300 und -400 mit ihren spritsparenden und leisen Triebwerken, ihrem modernen Cockpit und einer mit Anleihen bei 757 und 767 überarbeiteten Kabine ließen die nach wie vor produzierte 737-200 doch ein wenig alt aussehen, und so machte sich Boeing 1987 daran, die zwischenzeitlich erzielten Verbesserungen auch in eine Ablösung der kleinsten 737-Variante einfließen zu lassen. Ein Jahr zuvor erst war der Versuch, den Zweistrahler als Basis für einen etwa 100-sitzigen „Regionaljet" mit Rolls-Royce-Tay-Triebwerken als Konkurrenz zur Fokker 100 oder BAe 146 zu nutzen, mangels Nachfrage gescheitert. Die 737-500, mit Platz für 132 Passagiere in einer Ein-Klassen-Bestuhlung, traf dagegen auf großes Interesse bei den Fluggesellschaften. Die erste Bestellung kam von Southwest Airlines, und beim offiziellen Programmstart am 20. Mai 1987 lagen bereits Aufträge für 73 Flugzeuge vor. Abgesehen von einem gegenüber der 737-300 um 2,39 Meter verkürzten Rumpf war die 737-500 praktisch baugleich mit ihren größeren Schwestern.

Die Modelle 737-300, -400 und -500, häufig auch als die „klassischen" 737 („737 Classic") bezeichnet, setzten die Erfolgsgeschichte des kleinsten Boeing-Jets fort, der im Frühjahr 1990 die 727 als meistverkauftes Düsenverkehrsflugzeug ablösen sollte. Am 15. Februar 1991 wurde bereits die 2.000. Boeing 737 ausgeliefert, eine 737-500. Jubiläumskunde war die Lufthansa, die gleichzeitig das 100. Exemplar jenes Flugzeugs übernahm, das bei der deutschen Fluggesellschaft einst den Spitznamen „Bobby" erhalten hatte – in Anlehnung an das für die kleinen Fluggäste bestimmte Buch „Bobby Boeings Abenteuer".

„Next Generation"

1984 hatte Airbus mit der A320 ein von Grund auf neues und mit modernster Technologie ausgestattetes Flugzeug mit einer Kapazität von etwa 150 Sitzen angekündigt, das 1987 zum Jungfernflug startete und ein Jahr später vom Erstkunden Air France in Dienst gestellt wurde. Anfänglich waren die Bemühungen des europäischen Herstellers, nun auch im Kurz- und Mittelstreckensegment Fuß zu fassen, von Boeing noch mit der Bemerkung abgetan worden, niemand brauche angesichts der vorhandenen 737- und MD-80-Modelle ein derartiges Muster. Doch spätestens zu Beginn der neunziger Jahren konnten die Amerikaner die Gefahr, die der 737 trotz anhaltend guter Verkaufszahlen durch die A320-Familie (zur A320 war inzwischen die A321 gestoßen) drohte, nicht länger ignorieren. Folgerichtig begann man sich ernsthaft Gedanken über eine neue Generation von 100- bis 200-sitzigen Standardrumpfflugzeugen zu machen. Die große Frage war: Sollte man mit einem leeren Zeichenbrett beginnen oder auf den vorhandenen Modellen aufbauen? Potentielle Kunden verlangten einerseits – natürlich – nach mehr Leistung, sprich mehr Reichweite und höherer Reisegeschwindigkeit, sowie niedrigeren Betriebskosten, andererseits nach so viel Kommunalität wie möglich, so dass sich Boeing unter den verschiedenen untersuchten Konzepten schließlich für jenes entschied, das im Wesentlichen nur einen neuen Flügel und einen neuen Antrieb vorsah. Besonders der US-Billigflugpionier

737-600/700/800/900-Zeitreise	
17.11.1993	Programmstart nach 737-700-Bestellung durch Southwest
08.12.1996	Rollout der 737-700
09.02.1997	Erstflug der 737-700
31.07.1997	Erstflug der 737-800
07.11.1997	FAA-Zulassung der 737-700
17.12.1997	Erste Auslieferung der 737-700 an Southwest Airlines
22.01.1998	Erstflug der 737-600
22.04.1998	Erste Auslieferung der 737-800 an Hapag-Lloyd
18.09.1998	Erste Auslieferung der 737-600 an SAS
03.08.2000	Erstflug der 737-900
16.05.2001	Erste Auslieferung der 737-900 an Alaska Airlines
13.02.2006	Auslieferung der 5.000. Boeing 737
08.08.2006	Rollout der 737-900ER

Southwest Airlines, der ausschließlich die 737 einsetzte und einsetzt, hatte sich für die größtmögliche Nähe zur existierenden Baureihe stark gemacht, um einerseits die geplanten neuen Flugzeuge so problemlos wie möglich in die Flotte integrieren zu können und andererseits den Wiederverkaufswert der vorhandenen Flugzeuge nicht zu gefährden. Diese Forderung schloss den Einbau einer elektronischen Flugsteuerung („fly by wire") wie bei der A320 praktisch aus, wenn die Piloten mit möglichst geringem Trainingsaufwand und am besten ohne eine neue Musterberechtigung zu erwerben von den bisherigen 737-Modellen auf das neue Flugzeugmuster wechseln sollten. Gerade dieser Wunsch stellte noch aus einem weiteren Grund eine echte Herausforderung für die Boeing-Ingenieure dar: Die Cockpittechnologie hatte im zurückliegenden Jahrzehnt einen großen Sprung nach vorn gemacht. Hatten die Bildschirme in der 737-300 im Wesentlichen nur zwei vorhandene konventionelle Anzeigen ersetzt (EFIS – „electronic flight instruments"), so hatte mit den neueren Glascockpits, die über fünf oder sechs Bildschirme verfügten, eine ganz neue Darstellung der Fluglage-, Navigations- und Systemdaten Einzug gehalten. Boeing selbst hatte bei der 777 bewiesen, was in dieser

Hinsicht technisch möglich war. Bei der nächsten 737-Generation (oftmals einfach nur als 737NG für „next generation" bezeichnet) trat der Hersteller nun den Beweis an, dass man das eine (ein modernes Glascockpit) haben konnte, ohne auf das andere (eine vertraute Arbeitsumgebung für die Piloten) verzichten zu müssen. Die sechs großen Flüssigkristallbildschirme, die denen der 777 entsprachen, konnten so konfiguriert werden, dass sie in der heute weitgehend üblichen Form auf einem Primary Flight Display (PFD) die wichtigsten Fluglageinformationen, auf einem Navigation Display (ND) Kompass, Kurs sowie die Informationen von Wetterradar, Kollisions- und Bodennäherungswarnsystem (TCAS bzw. EGPWS) und auf zwei Multifunktionsbildschirmen Daten der diversen Bordsysteme zeigten. Mit einem einfachen Softwareaustausch war es aber auch möglich, auf den Bildschirmen ein elektronisches Abbild der konventionellen Instrumente einer klassischen 737 zu erzeugen.

Gegenüber den Vorgängermodellen wurden Höhen- und Seitenleitwerk vergrößert, die auffälligste Veränderung betraf jedoch die Tragflächen. Um mit allen drei neuen Flugzeugen, die vorläufig noch als 737-300X, -400X und -500X bezeichnet wurden, Nonstop-Flüge zwischen

Das in Venedig aufgenommene Foto einer 737-500 der Lufthansa zeigt deutlich das niedrige Fahrwerk der 737-Familie. Auf diese Weise sind Wartungsöffnungen sowie Tanks ohne Hilfsmittel wie Hubwagen oder Leitern zugänglich, und das Gepäck lässt sich notfalls von Hand ein- und ausladen.
Auf Fahrwerksklappen hat Boeing beim Hauptfahrwerk übrigens verzichtet. Auch im eingefahrenen Zustand sind die Reifen sichtbar. Untersuchungen zu Beginn des Programms hatten gezeigt, dass ein solches Vorgehen keine messbaren Leistungseinbußen verursachte.

Das kleinste und ob der höheren Betriebkosten pro Passagier und Kilometer am wenigsten nachgefragte Modell der dritten 737-Generation ist die 737-600. Zu den Betreibern gehört unter anderem Air China, die damit beispielsweise nach Guilin fliegt.

Seite 71: Die ursprünglich für den Boeing Business Jet entwickelten so genannten Blended Winglets an den Flügelspitzen hielten bald auch bei den Verkehrsflugzeugen Einzug. Anfänglich nur zur Nachrüstung erhältlich, können sie inzwischen auch ab Werk geordert werden. Zu den Fluggesellschaften, die sich die spritsparenden Eigenschaften der Blended Winglets zunutze machen, gehören beispielsweise Aeromexico (737-700, oben auf dem Flughafen von Las Vegas) und ATA (737-800, unten bei der Landung in Denver).

Ost- und Westküste der USA zu gestatteten, wurde über eine Vergrößerung von Profiltiefe und Spannweite die Treibstoffkapazität um etwa 30 Prozent erhöht. Dank des neuen, etwas dünneren Profils konnten zudem die Airline-Forderungen nach größerer Reisegeschwindigkeit und Flughöhe erfüllt werden. Die Kaufleute bei den Fluggesellschaften wiederum durften sich über einen reduzierten Wartungsaufwand freuen, was unter anderem durch bessere Zugänglichkeit wichtiger Komponenten und eine geringere Teilezahl, beispielsweise bei den nur noch zwei- statt wie zuvor dreigeteilten Landeklappen, realisiert wurde.

Die wenigsten Veränderungen nahm Boeing am Rumpf vor. Die Rümpfe von 737-600 und -700 wiesen dieselben Längen auf wie die der Vorgängermuster 737-500 und -300. Für den Nachfolger der 737-400, deren Verkaufszahlen ein wenig hinter den Erwartungen des Herstellers zurückgeblieben waren, wurde der den Passagieren zur Verfügung stehende Raum dagegen um 2,79 Meter verlängert, so dass die 737-800 maximal 189 Fluggäste befördern konnte.

In der Regel sehen es Fluggesellschaften gerne, wenn sie zwischen zwei Antriebsvarianten wählen können, und die konkurrierende A320-Familie ist bekanntlich sowohl mit CFM56- als auch mit V2500-Triebwerken von Interna-

tional Aero Engines (IAE) erhältlich. General Electric und Snecma war jedoch verständlicherweise sehr daran gelegen, ihre Rolle als exklusiver Triebwerkslieferant für die 737 Classic auch bei der neuen Generation weiterzuspielen. Was trotz starker Konkurrenz durch IAE schließlich gelang, weil – wie es heißt – die beiden Triebwerkhersteller Boeing einfach das bessere Angebot unterbreitet hatten. Das CFM56-7 kombinierte den Kern und die Niederdrucktubine des A320-Antriebs CFM56-5B mit einem neuen Fan aus Titan-Blättern großer Profiltiefe. Trotz eines geringeren Fandurchmessers, durch den der Triebwerkseinlauf weniger pausbäckig daher kommt als noch bei den klassischen 737, liefert es einen höheren Schub bei gleichzeitig reduziertem Treibstoffverbrauch.

Das „Next Generation"-Programm wurde offiziell am 17. November 1993 nach einem Southwest-Airlines-Auftrag für 63 Boeing 737-700 gestartet. Ein halbes Jahr später wurde die deutsche Ferienfluggesellschaft Hapag-Lloyd zum so genannten Launching Customer für das bis dahin größte Modell 737-800, weitere zehn Monate gingen ins Land, ehe auch der „Benjamin" 737-600 mit der skandinavischen SAS einen ersten Kunden fand. Diesem Auftrag war eine verbissen geführte Kampagne vorangegangen, denn McDonnell Douglas suchte seinerzeit ganz dringend Kunden für die ebenfalls neue MD-95. Das

Der Boeing Business Jet (BBJ) wurde gemeinsam von Boeing und General Electric auf Basis der 737-700 entwickelt, erhielt aber die Flügel und das verstärkte Fahrwerk der 737-800. Als Geschäftsreiseflugzeug richtete sich der BBJ an solche Kunden, denen die Kabinen vergleichbar teurer Oberklasse-Businessjets wie Bombardier Global Express oder Gulfstream G550 zu klein waren.

Seite 72/73: Eine Boeing 737-800 der Hainan Airlines beim Start auf dem Flughafen der chinesischen Hauptstadt Beijing.

probleme führten zu einer um wenige Monate verspäteten Zulassung. Dem Erfolg des Programms konnte diese Verzögerung jedoch nichts anhaben, denn schon gut sechs Jahre später wurde das 1.500. Exemplar der „Next Generation" ausgeliefert. Kein Flugzeug hatte sich in der Geschichte der kommerziellen Luftfahrt jemals so gut verkauft.

Drei sind nicht genug

Boeing ruhte sich aber keineswegs auf den Lorbeeren aus. Noch vor der Zulassung der 737-700 hatte das Unternehmen weitere Varianten angekündigt, darunter die 737-700C, die den Rumpf der 737-700 mit den Tragflächen und dem Fahrwerk der 737-800 kombiniert. Ausgestattet mit einem Frachttor auf der linken vorderen Rumpfseite, führt sie die Tradition eines sowohl für den Fracht- als auch für den Passagier- oder gemischten Transport einsetzbaren Flugzeugs fort und ist auch mit einer „Quick-Change"-Ausstattung erhältlich. Allerdings ist die Nachfrage nach derartigen Flugzeugen heutzutage offensichtlich nicht mehr ganz so groß, wie dies noch zu Zeiten der 727 und 737-200 der Fall war. Wichtigster Kunde ist bislang die US Navy, bei der das Flugzeug die Bezeichnung C-40 trägt.

Ohne die Frachttür, dafür aber mit bis zu neun Zusatztanks in den vorderen und hinteren Gepäckräumen entwickelte Boeing daraus die 737-700ER (für „Extended Range"), die auf Langstrecken mit geringem Aufkommen zum Einsatz kommen soll. Die japanische ANA war Anfang 2006 erster Kunde für das Flugzeug mit der größten Reichweite aller 737-Modelle, mit dem Entfernungen bis zu 10.200 Kilometer nonstop überbrückt werden können.

Bei der Konzeption dieses Langstreckenmusters kamen dem Hersteller die mit dem strukturell weitgehend identischen Boeing Business Jet (BBJ) gesammelten Erfahrungen zugute. Bereits im Juli 1996 hatten Boeing und der Triebwerkhersteller General Electric bekannt gegeben, gemeinsam ein Geschäftsreiseflugzeug vermarkten zu wollen, das den Businessjets etablierter Hersteller wie Bombardier und Gulfstream Konkurrenz machen sollte. Die sahen zwar nach allgemeiner Auffassung etwas besser aus, doch ihr Platzangebot war dem des BBJ weit unterlegen. Und an der Optik ließ sich durchaus noch etwas verbessern, wie die „Blended Winglets" bewiesen, die erstmals im Sommer 1998 an einer 737-800 getestet wurden. Sie waren übrigens nicht von Boeing selbst, sondern von Aviation Partners entwickelt worden, einem Unternehmen, das ehemalige Mitarbeiter des Flugzeugherstellers gegründet hatten. Die nach oben gebogenen, etwa zweieinhalb Meter hohen „Flügelohren" machten das Flugzeug nicht nur attraktiver, sie senkten auch den

Pikante daran: Als SAS im September 1998 ihre erste 737-600 übernahm, gehörte McDonnell Douglas seit mehr als einem Jahr zu Boeing, und die MD-95 war in 717-200 umbenannt worden.

Am 8. Dezember 1996 wurde die erste 737-700 vor mehr als 50.000 Besuchern in Renton erstmals der Öffentlichkeit präsentiert; genau zwei Monate und einen Tag später startete das Flugzeug mit Mike Hewett und Ken Higgins im Cockpit zu seinem Jungfernflug. „Dieses Flugzeug ist fantastisch", erklärte Hewett im Anschluss an den Flug. „Ich glaube, 737-Piloten aus aller Welt werden sich im Cockpit gleich zu Hause fühlen." Und genau das war ja auch das Ziel der Entwickler gewesen.

Ursprünglich hatte Boeing die parallele Zulassung der dritten 737-Generation durch FAA und JAA geplant, doch die Europäer machten dem Hersteller einen Strich durch die Rechnung. Nach den aktuellen hiesigen Vorschriften hätten 737-700 und -800 aufgrund der vorhandenen Notausgänge nur mit weniger als den geplanten 149 beziehungsweise 189 Sitzen zugelassen werden dürfen. Boeing musste eigens neue, automatisch nach oben öffnende Türen für die Notausgänge über den Flügeln entwickeln, bevor die JAA ihren Segen gab. Diese Änderungen, einige Probleme mit den Triebwerken und während der Testflüge zu Tage getretene Vibrationen in der Höhenflosse sowie durch die große Nachfrage hervorgerufene Produktions-

Treibstoffverbrauch im Reiseflug und vergrößerten so die Reichweite. Kein Wunder, dass sich auch die Airlines für diese Innovation zu interessieren begannen. Allen voran Air Berlin und Hapag-Lloyd, und die Letztgenannte war es dann, die am 8. Mai 2001 als erste Fluggesellschaft eine 737-800 mit Winglets in Dienst stellte.

Dem BBJ folgte im Oktober 1999 der BBJ 2, der auf der 737-800 basierte und etwas weniger Reichweite, dafür aber wesentlich mehr Platz in der Kabine bot. Apropos Platz: Über den verfügte die im Mai 2001 erstmals ausgelieferte 737-900 sozusagen im Überfluss, denn in dem um 2,64 Meter verlängerten Rumpf konnten aufgrund der im Vergleich zur 737-800 unverändert gebliebenen Zahl von Notausgängen auch nur 189 Passagiere untergebracht werden. Eine durchaus noble Idee, doch eine, die bei den in der Regel kühl rechnenden Airlines nur begrenzt Anklang fand, weshalb auf den Computern der Boeing-Ingenieure schon bald die 737-900X Gestalt annahm, die schließlich im Juli 2005 nach einem Großauftrag der indonesischen Billigfluggesellschaft Lion Air auch offiziell und nun als 737-900ER ins Rennen geschickt wurde. Äußerlich unterschied sie sich von der 737-900 durch ein zusätzliches Notausgangspaar hinter den Tragflächen, innerlich durch ein abgeflachtes hinteres Druckschott. Beide Maßnahmen zusammen erhöhten die maximale Sitzplatzkapazität um 26 auf 215, was den neuen Jet

nicht nur zu einem vollwertigen neuen Mitglied der 737-Familie machte, sondern auch zu einem idealen Ersatz der nicht mehr gebauten 757-200. Was könnte die Unverwüstlichkeit des Mitte der sechziger Jahre entstandenen 737-Entwurfs besser verdeutlichen als der Umstand, dass die 737-900ER ein Flugzeug ablösen soll, das erst 1982 seinen Jungfernflug absolvierte. Die Karriere der 737 ist jedenfalls noch lange nicht zu Ende.

Mehr als 10.000 Kilometer beträgt die Reichweite der 737-700ER, für die die japanische ANA als Erstkunde auftrat (oben).

Im Frühjahr 2006 begann die Endmontage der 737-900ER, der längsten 737-Variante (unten).

747 – Der Jumbo-Jet

Ihre Rolle als größtes Verkehrsflugzeug der Welt ist die 747 inzwischen los.
Doch ob ihrer zeitlosen Eleganz gilt sie vielen nach wie vor
als die einzig wahre Königin der Lüfte.

Mehrheit der großen Flugzeuge für die Luftwaffe geliefert und wusste, welche technischen Herausforderungen und finanziellen Belastungen ein solches Projekt mit sich brachte. Vielleicht war man sich in Seattle seiner Sache zu sicher, vielleicht hatte man auch nur die Kosten realistisch eingeschätzt – Tatsache war, dass Lockheed im Herbst 1965 für seinen deutlich günstigeren Entwurf den Zuschlag erhielt.

Gleichzeitig mit dem Flugzeug hatte die Air Force auch dessen Antrieb ausgeschrieben, und hier setzte sich General Electric mit dem TF39 durch, aus dem später das zivile CF6 hervorgehen sollte. Pratt & Whitney hatte das Nachsehen, doch der unterlegene Vorschlag bildete die Grundlage für das JT9D, das erste kommerziell eingesetzte Triebwerk mit hohem Nebenstromverhältnis.

Mehr Kapazität erforderlich

Nicht nur das Militär verlangte Mitte der sechziger Jahre nach größerem Fluggerät. Der rasante Anstieg der Passagierzahlen und der auf dem Luftweg beförderten Fracht ließ vermuten, dass die Kapazitäten der größten Passagierflugzeuge jener Zeit – Boeing 707 und Douglas DC-8 – schon bald nicht mehr ausreichen würden, die Nachfrage auf einzelnen Routen zu decken. Die steigende Zahl von Verkehrs-, Geschäftsreise- und kleineren Reiseflugzeugen weckte zudem Befürchtungen, dass der Luftraum schon bald zu klein werden könnte – eine Angst, die aus heutiger Sicht vielleicht etwas irrational erscheinen mag, damals allerdings die Fluggesellschaften bewog, bei Boeing und Douglas vorstellig zu werden und nach Jets größerer Kapazität zu fragen.

Für Douglas bestand die Antwort darauf zunächst in einer erneuten Streckung der DC-8 zur so genannten Super-Sixties-Baureihe. Bis zu 259 Passagiere fanden so bei einer Ein-Klassen-Bestuhlung in einer DC-8-61 oder -63 Platz. Boeing war der Weg zu einer derart einfachen Lösung jedoch versperrt. Das niedrige Fahrwerk und die große Flügelpfeilung hatten sich im Einsatz zwar durch kurze Bodenzeiten und gute Flugleistungen bezahlt gemacht, sie hätten eine Verlängerung des Rumpfes wegen des relativ hohen Anstellwinkels der 707 beim Start jedoch zu einem aufwendigen Unterfangen gemacht. Pläne für eine angedachte 707-820 verschwanden daher schnell wieder in den Schubladen.

Schon im Frühjahr 1963 hatte Boeing eine erste Arbeitsgruppe eingesetzt, die sich Gedanken über den Bau großer Flugzeuge zur Bewältigung des für die siebziger Jahre erwarteten Wachstums im Passagier- und Frachtaufkommen machen sollte. Richtig ernst wurde es dann im Sommer 1965. Im August hatte Joe Sutter eine Woche Urlaub genommen, um sich gemeinsam mit seiner

Joe Sutter vor „seinem" Flugzeug, als das er die 747 immer betrachtete, obwohl er in der Entwicklungsphase „nur" Chefingenieur, nicht aber Programmleiter war. Zweifellos ist es aber vor allem seiner Beharrlichkeit zu verdanken, dass der Jumbo zu einem so überragenden Erfolg wurde.

Seite 76/77: Welch eine Kombination: Die Königin der Lüfte landet auf einem der spektakulärsten Flughäfen der Welt. Jumbos wie diese 747-200 der Cathay Pacific dominierten viele Jahre das Geschehen auf dem inzwischen geschlossenen Kai Tak Airport von Hongkong.

Um gleich zu Beginn mit einer offenbar nicht auszurottenden Legende aufzuräumen: Die 747 war keinesfalls ein Abfallprodukt der Air-Force-Ausschreibung für ein großes Transportflugzeug, bei der Boeing und Douglas mit ihren Konzepten dem von Lockheed vorgeschlagenen Flugzeug, das schließlich als C-5A „Galaxy" gebaut wurde, unterlegen waren. So ziemlich das einzige, was Boeings Entwurf für das CX-HLS-Projekt (Cargo Experimental – Heavy Logistics System) und der spätere Jumbo-Jet gemein hatten, waren die Triebwerke mit hohem Nebenstromverhältnis. Ohne diese neue Antriebsgeneration, die sich zudem durch ein gegenüber vorangegangenen Triebwerken drastisch gesteigertes Verdichtungsverhältnis und in Kombination dieser Eigenschaften durch einen erheblich höheren Schub bei gleichzeitig vermindertem Treibstoffverbrauch und geringeren Lärmemissionen auszeichnete, wären weder die C-5A noch die 747 zu realisieren gewesen.

Der kalte Krieg und der offensichtliche Mangel an ausreichender Lufttransportkapazität hatten die Air Force Anfang 1964 veranlasst, Boeing, Douglas und Lockheed mit Studien für ein wahrhaft gigantisches Transportflugzeug zu beauftragen. Alle drei Hersteller schlugen Hochdecker mit voluminösen Rümpfen vor, und Boeing war sehr zuversichtlich, den Zuschlag zu erhalten. Schließlich hatte man mit B-47 und B-52 sowie C-135 und KC-135 die

Frau Nancy in ihrem Ferienhaus am Hood Canal westlich von Seattle von den vorangegangenen Strapazen bei der Konzeption der 737 zu erholen. Doch die Ruhe währte nicht lange. Nach wenigen Tagen wurde Sutter, dessen Haus noch nicht über Telefon verfügte, von seinem Nachbarn beim Treibholzsammeln unterbrochen: Er habe einen Anruf für ihn. Am Telefon war Dick Rouzie, Chefingenieur der Abteilung Commercial Airplanes. Ob er, Joe Sutter, das 737-Programm verlassen und statt dessen die Arbeiten an einem größeren Flugzeug leiten wolle? Die Antwort konnte nur ja lauten, nicht nur weil der damals 44-Jährige damit zum ersten Mal als Chefingenieur in Eigenregie für ein komplettes Flugzeugprogramm verantwortlich sein würde, sondern auch, weil das geplante Vorhaben neben dem Passagier-Überschalljet 2707 das zweifellos interessanteste Projekt war, das Boeing damals zu bieten hatte. Womit auch schon die Frage beantwortet wäre, warum ausgerechnet der in der Firmenhierarchie vergleichsweise niedrig angesiedelte Joe Sutter mit der Leitung dieses potentiell sehr prestigeträchtigen Programms beauftragt wurde. „Ich vermute, ich war die einzige verfügbare qualifizierte Person", sinniert der „Vater der 747" mehr als 40 Jahre später. Das Gros der höhergestellten Ingenieure war mit dem Überschall-Vorhaben befasst, und Jack Steiner hatte mit der 737 genug zu tun. „Wer war also übrig, als Boeing jemanden brauchte für das große Unterschall-Verkehrsflugzeug, das Pan Am auf einmal wünschte?", so Sutter weiter, der seiner Auffassung nach einfach zur rechten Zeit am rechten Platz war und sich entsprechend glücklich schätzt.

Auf der Suche nach der idealen Rumpfform

Es waren in der Tat wieder einmal Pan Am und speziell ihr charismatischer Chef Juan Trippe, die letztlich den Anstoß zum Bau der 747 gaben. Pan Am war zu jener Zeit zweifellos die bedeutendste international und vor allem interkontinental fliegende Airline und war immer wieder Schrittmacher bei der Entwicklung neuer Langstreckenflugzeuge gewesen – das galt auf Boeings Seite für die Modelle 307, 314 und 377 ebenso wie für die 707. Und jetzt war die Fluggesellschaft eben auf der Suche nach einem sehr, sehr großen Langstreckenjet. „Die Zahlen, die sie nannten, hörten sich gewaltig an, sowohl was die Größe als auch was die gewünschten Leistungen betraf", erinnert sich Sutter. Von 400 und mehr Passagieren war die Rede, mehr als das Doppelte dessen, was die 707 zu befördern imstande war. Dagegen nimmt sich der Sprung von der 747-400 zur A380 (etwa ein Drittel mehr Passagiere) geradezu unbedeutend aus.

Um herauszufinden, welche Vorstellungen die anderen bedeutenden Fluggesellschaften hatten, stellten Sut-

ter und sein Team Gewichte sowie Leistungs- und Wirtschaftlichkeitsdaten für drei unterschiedlich große Flugzeuge – einen 250-, einen 300- und einen 350-Sitzer – zusammen und legten sie potentiellen Käufern vor. Ein solches Vorgehen erschien erfolgversprechender als eine unbestimmte Frage nach den Wünschen der Airlines. Zur Überraschung der Boeing-Fachleute bevorzugten alle Fluggesellschaften einhellig das größte Modell. Damit lag die Marschrichtung fest. Die Frage war nur, wie man die Vorgaben in einem Flugzeug umsetzen sollte. Der naheliegendste Gedanke war der, zwei 707-Rümpfe in Form einer Acht aufeinander zu setzen, so wie man es schon beim „Stratocruiser" gehalten hatte. Und so waren die ersten Entwürfe, die in kürzester Zeit entstehen mussten, weil „Pan Am das Flugzeug gestern wollte" (Sutter), allesamt Doppeldecker – allerdings nicht im Sinne der Doppeldecker aus den Anfangsjahren der Luftfahrt, sondern mit zwei kompletten Passagierdecks wie heute bei der A380. Mal waren die Tragflächen oben am Rumpf angebracht wie bei den C-5-Plänen, dann wieder tief angesetzt wie bei der 707, und gelegentlich platzierte man sie auch auf Höhe des Oberdeck-Fußbodens. Doch glücklich war der Projektleiter nicht damit, zumal ihn die Erfahrungen mit der 737 gelehrt hatten, wie wichtig es war, sich nicht frühzeitig auf eine bestimmte Konfiguration festzulegen. Mindestens zwei gewichtige Gründe sprachen nach Sut-

Zwei Decks oder ein einzelnes Deck bis dahin nicht dagewesener Breite? Sutters Team tendierte zur zweiten Variante. Um auch den Erstkunden Pan Am zu überzeugen, wurde ein Modell im Maßstab 1:1 gebaut, das beim Vergleich beider Querschnitte half.

Für die 747 untersuchte Boeing auch eine Konfiguration mit unter dem Hauptdeck platzierten Cockpit, die intern als „Ameisenbär" verspottet wurde.

Lange Zeit sah es so aus, als würde die 747 ein Doppeldecker werden, zumal der potenzielle Erstkunde Pan Am diese Lösung favorisierte.

Malcolm T. Stamper

Malcolm Stamper (1925–2005) kam 1962 zu Boeing und wurde 1966 zum Leiter des 747-Programms ernannt. Im Anschluss war er als Vice President der Boeing Commercial Airplane Company für die gesamten zivilen Aktivitäten des Unternehmens verantwortlich, ehe er 1972 zum President von Boeing ernannt wurde. 1985 wechselte er als stellvertretender Vorsitzender in den Verwaltungsrat, dem er bis zu seiner Pensionierung 1990 angehörte.

ters Auffassung gegen einen Entwurf mit zwei durchgehenden Rümpfen: Zum einen würde ein solches Flugzeug relativ große Tragflächen bei einem sehr kurzen Rumpf aufweisen, was die Frage aufwarf, ob wirklich ausreichend Platz für die Notrutschen zur Verfügung stehen würde. Die Bilder von den Evakuierungstests mit der A380 haben gezeigt, wie eng beieinander dort die Rutschen angeordnet sind. Zum anderen herrschte damals weitgehend Einigkeit, dass ein wie auch immer geartetes großes Passagierflugzeug allenfalls eine Übergangslösung darstellte – die Zukunft würde den Überschalljets gehören. Für die 747 bliebe dann nur eine Verwendung als Langstrecken-Frachter. Es war daher dringend geboten, das neue Muster so auszulegen, dass es erstens auch einer solchen Aufgabe gerecht werden und zweitens vergleichsweise unkompliziert vom Passagier- zum Cargo-Transporter umgerüstet werden konnte. Unter diesem Gesichtspunkt war die Doppeldecker-Variante wegen der Schwierigkeiten, das Oberdeck zu be- und entladen, alles andere als ideal.

Die Zeit drängte, denn Pan Am wollte das Flugzeug bis Ende 1969 in Dienst stellen, und noch immer war keine zufrieden stellende Lösung gefunden. Die Arbeit des 747-Teams wurde auch dadurch nicht gerade erleichtert, dass

das Überschall-Programm innerhalb des Unternehmens eindeutig Priorität genoss, Sutter folglich um jeden Ingenieur und jede Windkanalstunde für „sein" Flugzeug kämpfen musste. Für umfassende Analysen und vergleichende Untersuchungen waren oftmals weder Zeit noch Leute vorhanden, so dass die Entwicklung der 747 eher „an die bunten frühen Tage der Luftfahrt" (Sutter) erinnerte. Dennoch – oder vielleicht gerade deshalb? – entstand innerhalb weniger Monate ein Konzept, das nicht nur den seinerzeitigen Anforderungen und Wünschen der Kunden gerecht wurde, sondern sich als so erfolgreich erwies, dass es noch mehr als vier Jahrzehnte später als Basis für eine moderne Weiterentwicklung dienen konnte. Der Schlüssel zum Erfolg lag schließlich in der Abkehr vom Doppeldecker-Prinzip und in der Erkenntnis, dass die Beförderung von Luftfracht als Ausgangspunkt für den Entwurf dienen musste. So entstand ein Rumpf, der breit genug war, um auf dem Hauptdeck zwei der gebräuchlichen 8-Fuß-Container (mit einer Breite von 2,44 Metern) nebeneinander aufzunehmen und Paletten mit einer Höhe von bis zu 10 Fuß (3,05 Meter) zu befördern. Das gestattete gleichzeitig nicht nur die Unterbringung von zehn Economy-Class-Sitzen in jeder Reihe mit zwei Mittelgängen, sondern führte letztlich auch zu dem charakteristischen Buckel der 747. Denn die Entwickler waren der Auffassung, dass ein auf der linken Seite hinter den Flügeln installiertes Frachttor nicht ausreichen würde, eine optimale Be- und Entladung des Hauptdecks zu garantieren. Deshalb sollte das Flugzeug zusätzlich noch eine Bugklappe erhalten, wie sie bei vielen modernen militärischen Frachtern üblich war. Dabei war allerdings das Cockpit im Weg. Verschiedene Möglichkeiten wurden erwogen, beispielsweise eine Verlegung Richtung Unterdeck, was dem Entwurf den Spitznamen „Ant Eater" (Ameisenbär) einbrachte. Doch dieser Weg, den Airbus später bei der Beluga erfolgreich beschreiten sollte, wurde schon bald zugunsten eines über dem Hauptdeck platzierten Cockpits aufgegeben. Anfänglich war es wenig mehr als eine auf den nahezu kreisrunden Rumpf aufgesetzte Blase, ähnlich wie bei der B-47 und dem B-52-Prototypen, doch Windkanalversuche zeigten schon bald, dass diese Lösung nicht optimal war. Eine weit nach hinten gezogene Verkleidung integrierte das Flugdeck in die Rumpfkontur und schuf einen zusätzlichen Raum hinter dem Cockpit, von dem aus eine (Wendel-)Treppe nach unten auf das Hauptdeck führte. Wer sich schon etwas länger mit der Luftfahrt beschäftigt, wird beim Anblick der Bilder von luxuriösen Lounges, Fitnessräumen oder Bars, mit denen für das üppige Platzangebot an Bord der A380 geworben wurde, vermutlich ein Déja-vu-Erlebnis gehabt haben. Auch für das 747-Oberdeck waren keinesfalls normale Passagiersitze vorgesehen, sondern ähnlich wie auf dem Stratocruiser-Unterdeck eher eine Lounge mit bequemen Sesseln und womöglich gar einer Pianobar. Die ökonomischen Zwänge ließen diese Pläne allerdings im Linieneinsatz schnell in Vergessenheit geraten ...

18 Räder für 322 Tonnen Gewicht

„Die Aufgabe, ein Großraumflugzeug zu entwickeln, wurde schlagartig viel einfacher, nachdem wir uns für nur ein Deck entschieden hatten", so Joe Sutter heute beim Rückblick auf die wichtigste Aufgabe seiner beruflichen Karriere. Das Be- und Entladen, das Ein- und Aussteigen oder die Notfall-Evakuierung – alles ließ sich nun besser handhaben. Jetzt konnte man sich den anderen wichtigen Punkten zuwenden. Zum Beispiel den Tragflächen: Zwar war die 747 unter aerodynamischen Gesichtspunkten im Wesentlichen nur eine – allerdings deutlich – üppiger dimensionierte 707, dennoch war es nicht möglich, die Flügel entsprechend dem höheren Abfluggewicht einfach proportional zu vergrößern. Die dabei entstehende Spannweite hätte den Einsatz des neuen Musters auf den meisten Flughäfen erschwert, wenn nicht gar unmöglich gemacht. Die durch die gewünschte hohe Reisefluggeschwindigkeit – Mach 0,85 bedeuten bis heute den Spitzenwert unter allen nicht-überschallschnellen Verkehrsflugzeugen – bedingte Vergrößerung der Flügelpfeilung auf 37,5 Grad (gegenüber 35 Grad bei der 707) half ein wenig, die Spannweite in einem vernünftigen Rahmen zu halten, den Rest besorgte ein aufwendiges System von Hochauftriebshilfen – dreigeteilte Landeklappen wie bei der 727 und über die gesamte Länge der Flügelvorder-

Boeings Cheftestpilot Jack Waddell war überzeugt, dass sich die Piloten erst mit der ungewohnten hohen Position des Cockpits vertraut machen mussten. Dieses treffend als „Waddell's Wagon" titulierte Gefährt vermittelte angehenden 747-Crews die richtige Perspektive.

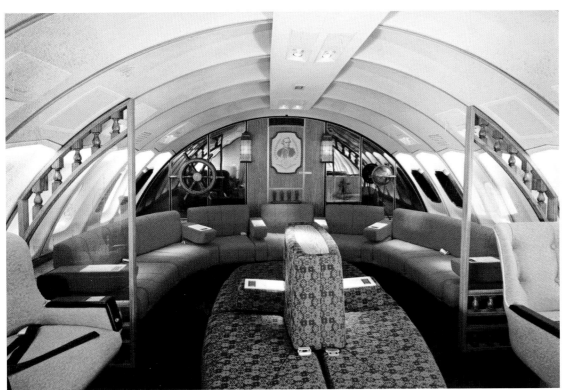

Der Bereich des Oberdecks hinter dem Cockpit war anfangs gar nicht für die Beförderung von Passagieren vorgesehen. Allenfalls eine luxuriöse Lounge konnte man sich dort vorstellen. Doch schon bald stellten die Fluggesellschaften fest, dass sich mit den zusätzlichen Quadratmetern gut Geld verdienen ließ.

Air Force One

Zwei speziell ausgestattete Boeing 747-200B, die die militärische Bezeichnung VC-25A tragen, stehen dem Präsidenten der Vereinigten Staaten als „Air Force One" zur Verfügung. Neben Büro- und Schlafräumen für den Präsidenten und seine Mitarbeiter verfügen die Flugzeuge, die in der Luft betankt werden können, über umfangreiche Kommunikationseinrichtungen, um gegebenenfalls als fliegender Kommandostand zu dienen.

kante verlaufende Krügerklappen. Grundsätzlich musste für den Jumbo-Jet, wie die 747 schon bald nach ihrem Erstflug zunächst von der Presse und dann allgemein genannt wurde, das Flugzeug nicht neu erfunden werden; dafür war der prinzipielle Aufbau dem der 707 zu ähnlich. Aber durch die Größe, das Gewicht und die Zahl der zu befördernden Passagiere – etwa 375 waren es bei den ersten Versionen und bei einer typischen Drei-Klassen-Bestuhlung – stießen die Entwickler in ganz neue Dimensionen vor. Reichten bei der 707 neben den beiden Rädern des Bugfahrwerks noch acht Hauptfahrwerksräder – jeweils vier unter jedem Flügel, die in den Rumpf eingefahren wurden – waren es bei der 747 doppelt so viele, verteilt auf vier Fahrwerksbeine. Auf diese Weise übte der Jumbo pro Quadratzentimeter Landebahn nicht mehr Druck aus als die wesentlich leichtere 707.

Mit einem Abfluggewicht von anfänglich 322 Tonnen war die 747 nicht nur mehr als doppelt so schwer wie die 707, sie sollte auch etwa zweieinhalb Mal so viele Passagiere befördern. Ein Unfall mit hunderten von Toten würde für Airlines und Hersteller einen verheerenden Imageschaden bedeuten. Deshalb wurde Sicherheit, in der Luftfahrt ohnehin oberstes Gebot, bei der Entwicklung der 747 noch größer geschrieben, als es bis dahin üblich war. Alle wichtigen Systeme wurden doppelt oder wie im Fall der Hydraulik sogar vierfach ausgelegt. Besonders letzteres war von großer Wichtigkeit, denn ohne hydraulische Unterstützung ließen sich die – wie alles an diesem Flugzeug – riesigen Ruder gar nicht bewegen. Die Steuerflächen waren im Übrigen durchgehend zweigeteilt. Es gab ein oberes und unteres Seitenruder sowie auf jeder Seite je ein äußeres und inneres Quer- und Höhenruder, für deren Auslenkung jeweils eine Kombination aus unterschiedlichen Hydraulikkreisläufen sorgte, so dass bei Schäden an einem Ruder oder dem Ausfall selbst mehrerer Hydrauliksysteme das Flugzeug nach wie vor steuerbar blieb. Aus denselben Überlegungen verfügten auch die inneren und äußeren Klappen an Vorder- und Hinterkante sowie die Spoiler über getrennte Antriebe.

Pan Am wird Erstkunde

Mehr als jede andere Fluggesellschaft hatte Pan Am auf die Entwicklung der 747 gedrängt – und war dabei beim Hersteller auf offene Ohren gestoßen. 1965 war abzusehen, dass sowohl Juan Trippe als auch Boeing-Chairman Bill Allen bald in den Ruhestand treten würden. Vermutlich betrachteten beide dieses Projekt als letzten großen Meilenstein ihrer jeweiligen Karrieren, was Allens rasche Entscheidung für den Jumbo-Jet und den sehr ehrgeizigen Zeitplan bis zur Auslieferung erklären mag. Wie dem auch sei: Trippe, als unangenehmer Verhandlungspartner

gefürchtet, der seine finanziellen und technischen Forderungen in der Regel durchsetzen konnte, enttäuschte Boeing nicht, als ihm Anfang 1966 das von Sutters Team in der Rekordzeit von nur einem halben Jahr erarbeitete Konzept vorgestellt wurde. Nachdem der Verwaltungsrat des Herstellers im März das 747-Programm freigegeben hatte – vorbehaltlich einer ausreichenden Zahl von Bestellungen –, orderte Pan Am am 13. April 1966 gleich 25 Flugzeuge im Wert von 525 Millionen US-Dollar! Der Mammutauftrag hatte die von Boeing erhoffte Wirkung: Andere Airlines wollten nicht hinter ihrem großen Konkurrenten zurückstehen, und so trafen innerhalb weniger Monate Bestellungen von fast allen bedeutenden internationalen Fluggesellschaften ein – als erstes folgte die japanische JAL, dann Lufthansa, British Airways und weitere bekannte Namen, so dass Ende des Jahres bereits mehr als 80 Flugzeuge in den Auftragsbüchern standen.

Die würden in keinem der existierenden Werke gebaut werden können, so viel war schnell klar. Gesucht wurde ein Flugplatz mit einer langen Start- und Landebahn sowie ausreichend Platz für die Fertigungseinrichtungen. Zur Auswahl standen schließlich die McChord Air Force Base südlich des internationalen Flughafens Seattle-Tacoma, der Snohomish County Airport, besser bekannt als Paine Field, nördlich von Seattle nahe Everett, und Walnut Creek – in Kalifornien! Schließlich machte Everett das Rennen, und nachdem Boeing im Juni 1966 316 Hektar Land in direkter Nachbarschaft zum Paine Field erworben hatte, begannen die Arbeiten zur Errichtung einer Fertigungshalle, die – inzwischen mehrfach erweitert – im Guinness-Buch der Rekorde als größtes Gebäude der Welt geführt wird.

Der Zeitplan, der nach wie vor erste Auslieferungen vor Ende 1969 vorsah, war so eng gesteckt, dass die Endmontageeinrichtungen praktisch um das erste Flugzeug herum würden fertig gestellt werden müssen. Anfang 1967 traten die ersten für die 747-Produktion ausgewählten Fachkräfte ihre neuen Arbeitsstellen an, am 21. November desselben Jahres traf die erste, im Boeing-Werk Wichita gefertigte 747-Bugsektion in Everett ein. Bis das erste komplettierte Exemplar, das im Besitz des Herstellers bleiben sollte und heute im Museum of Flight in Seattle ausgestellt ist, am 30. September 1968 feierlich der Öffentlichkeit vorgestellt werden konnte, galt es allerdings noch viele Hürden zu überwinden. Die Boeing-Führung hatte, basierend auf der Erkenntnis, dass das 747-Programm zu groß war, um von einem Unternehmen allein gestemmt zu werden, Entwicklung und Bau vieler Komponenten an andere Firmen vergeben. Was heute gang und gäbe ist, war damals absolutes Neuland. Die unvermeidlichen (Abstimmungs-)Schwierigkeiten, die

diese Vorgehensweise mit sich brachte, erhöhten noch einmal die Arbeitsbelastung des durch den engen Zeitrahmen ohnehin bis aufs Äußerste beanspruchten Entwicklungsteams. Andererseits sollten sich die hierbei gesammelten Erfahrungen als extrem wertvoll bei künftigen Programmen erweisen.

Das im wahrsten Sinne des Wortes schwerwiegendste Problem aber betraf das Gewicht. Aus den 250 Tonnen, die man im Sommer 1965 als Obergrenze festgelegt hatte, waren bei der Vertragsunterzeichnung mit Pan Am bereits knapp 300 Tonnen und ein Jahr später sogar 308 Tonnen geworden – Tendenz: steigend. Das war nicht allein Boeings Schuld; auch zusätzliche Wünsche von Trippes Fluggesellschaft hatten das Flugzeug schwerer gemacht. Sutters Mannschaft, verstärkt durch Boeing-Mitarbeiter, die zeitweilig von anderen Projekten abgezogen wurden, machten sich daran, den Entwurf abzuspecken. Auch Pan Am trug durch die Änderung der Spezifikation von Kabinenelementen einen Teil dazu bei, dass das schließlich auf 322 Tonnen festgelegte maximale Abfluggewicht erreicht wurde.

Die zusätzlichen Pfunde waren alles andere als gute Nachrichten für Pratt & Whitney, denn sollte die 747 trotzdem die den Fluggesellschaften garantierten Leistungen erbringen, waren stärkere Triebwerke unumgänglich. Boeing hatte sich auf der Suche nach einem Antrieb für die 747 zunächst sowohl an General Electric als auch an Pratt & Whitney gewandt. Erstere schlugen vor, den siegreichen Entwurf für die C-5A-Ausschreibung an die zivilen

Bedürfnisse anzupassen, letztere offerierten ein neues Triebwerk unter der Bezeichnung JT9D, das auf dem unterlegenen Vorschlag für den Militärtransporter basieren sollte. Pratt & Whitney machte schließlich das Rennen, nicht zuletzt, weil das CF6, die zivile Variante des TF39, ohne umfangreiche Modifikationen nicht leistungsfähig genug sein würde. Doch vor dem Unternehmen aus Hartford im US-Bundesstaat Connecticut lag eine Aufgabe, die mindestens so schwer war wie die Boeings. Nicht nur, dass es innerhalb kürzester Zeit ein Triebwerk entwickeln musste, wie es es bislang in der zivilen Luftfahrt noch nicht gegeben hatte. Das Nebenstromverhältnis, das angibt, um wieviel mehr Luft nach dem Passieren des Fans am eigentlichen Kerntriebwerk inklusive der Brennkammer vorbei statt hindurch geführt wird, stieg von 1,4:1 beim JT3D der 707 auf 5:1 beim JT9D. 41.000 Pfund (etwa 183 kN), so die anfängliche Schätzung, würde jeder der vier Motoren leisten müssen, um den Jumbo in die Luft zu bringen. Zum Vergleich: Das JT3D-3 der 707-300B lieferte etwa 18.000 Pfund oder 80 kN Schub. Und nun reichte diese gewaltige Kraft nicht einmal aus, weil das Flugzeug etliche Tonnen schwerer geworden war. 43.000 Pfund Schub waren das neue Ziel für die erste Version des Jumbo-Jets, die 747-100.

Rollout und Erstflug

Stewardessen jener 26 Fluggesellschaften, die sich bis dahin zum Kauf der 747 entschlossen hatten, bildeten den attraktiven Rahmen, als der erste Jumbo-Jet mit dem

Am 30. September 1968 wurde die 747 feierlich der Weltöffentlichkeit vorgestellt – flankiert von Stewardessen jener 26 Fluggesellschaften, die den Jumbo-Jet bereits bestellt hatten.

Lufthansa gehörte zu den ersten 747-Kunden. Die Stewardess Gerlinde Jantsch, die die deutsche Fluggesellschaft beim Rollout in Everett repräsentierte, setzte sich nach den offiziellen Feierlichkeiten für ein Foto in eines der riesigen JT9D-Triebwerke.

Der 747-Prototyp, der am 9. Februar 1969 den Jungfernflug des damals größten Verkehrsflugzeugs der Welt durchführte, blieb auch nach dem Abschluss des Erprobungs- und Zulassungsprogramms im Besitz des Unternehmens. Das nach seiner Geburtsstadt „City of Everett" genannte Flugzeug ist heute im „Museum of Flight" am Boeing Field ausgestellt.

Kennzeichen N7470 und der internen Bezeichnung RA001 wie vorgesehen am 30. September 1968 erstmals der Öffentlichkeit vorgestellt wurde. „Zum Glück", so Joe Sutter heute, „hatten wir trotz der extremen Schwierigkeiten, mit denen Pratt & Whitney zu kämpfen hatte, vier brauchbare Triebwerke zur Verfügung, so dass [das Flugzeug] äußerlich komplett wirkte." Fertig war es jedoch noch nicht, und flugfähig schon gar nicht, so dass der von Mal Stamper, damals 747-Programmleiter und später Präsident und Vice Chairman von Boeing, anvisierte Erstflugtermin am 17. Dezember 1968 unmöglich eingehalten werden konnte. Am 9. Februar des folgenden Jahres war es dann so weit: Mit Jack Waddell als Pilot, Brien Wygle, Chef von Boeing Flight Test, als Kopilot und Flugingenieur Jess Wallick, dessen Bruder Lew die Boeing 727 bei ihrem Jungfernflug gesteuert hatte, hob die Boeing 747 zum ersten Mal ab. Die „drei Ws", wie die Besatzung genannt wurde, waren nach der Landung sehr zufrieden. „Das ist ein Flugzeug für Piloten", erklärte Waddell begeistert.

Das Lob hinderte die 747 aber nicht daran, ihren Entwicklern und Testpiloten noch viel Kopfzerbrechen zu bereiten. Die gingen fast schon erwartungsgemäß zu einem nicht geringen Teil auf das Konto der Triebwerke, die in der Anfangsphase regelmäßig ausgetauscht werden mussten. Heutzutage wird der Antrieb zumeist deutlich vor dem Flugzeug selbst zugelassen, aber beim 747-Programm geschah dessen Erprobung praktisch zeit-

gleich mit der des Flugzeugs, was die Angelegenheit für beide Partner nicht gerade vereinfachte. Das Drehmoment des im Vergleich zu früheren Triebwerken riesigen Fans führte zu Verformungen des Gehäuses, so dass die Turbinenblätter an manchen Stellen an der Gehäusewand kratzten, während sich an anderen Orten größere Lücken auftaten. Es dauerte eine ganze Weile, ehe es Boeing und Pratt & Whitney mittels einer geänderten Aufhängung gelang, dieses Problem aus der Welt zu schaffen.

Flattern ist ein Phänomen, das Flugzeugkonstrukteure fürchten wie wenig sonst. Dabei schaukeln sich die Eigenschwingungen benachbarter Bauteile gegenseitig so stark auf, dass sie das Flugzeug unter Umständen zerstören können. Während der Erprobung der 747 kam es bei höheren Geschwindigkeiten zu derartigen Wechselwirkungen zwischen den Tragflächen und den äußeren Triebwerksaufhängungen. Beim Testflugzeug löste man das Problem durch Zusatzmassen an den Pylonen, für die Serienflugzeuge wurden diese Aufhängungen später neu konstruiert.

Zulassung

Trotz aller Schwierigkeiten nahm das Erprobungs- und Zulassungsprogramm gerade einmal zehn Monate in Anspruch. Die fünf Testflugzeuge, von denen vier anschließend für den normalen Linieneinsatz umgerüstet wurden, waren dabei zusammen etwa 1.400 Stunden in der Luft. Ihren zweifellos größten Auftritt vor der FAA-Zulassung am 30. Dezember 1969 hatte die Boeing 747 im Juni desselben Jahres auf dem Flughafen Le Bourget. Auf der Paris Air Show, damals wie heute die wichtigste Luftfahrtmesse weltweit, stellte der Jumbo angesichts seiner Größe selbst die dort ebenfalls ausgestellte britisch-französische Concorde in den Schatten. So recht wohl war den Verantwortlichen allerdings gar nicht gewesen beim Gedanken an den langen Flug in die französische Hauptstadt. Zwar wäre es ohne weiteres möglich gewesen, auch beim Ausfall von einem oder zwei der damals noch notorisch unzuverlässigen Triebwerke weiterzufliegen. Einen guten Eindruck hätte das Flugzeug in einem solchen Fall aber wohl nicht hinterlassen. Doch die Sorgen erwiesen sich als unbegründet, die vier JT9D hielten durch.

Ganz anders beim ersten Linieneinsatz des neuen Super-Vogels. „Clipper Young America", so der Name der 747-100 mit dem Kennzeichen N733PA, mit der Pan Am am 21. Januar 1970 zum ersten Mal von New York-John F. Kennedy nach London-Heathrow fliegen wollte, musste auf dem Weg zur Startbahn kehrtmachen. Mehr als sechs Stunden später konnten die 336 Passagiere dann doch zu ihrer Reise aufbrechen – allerdings mit der erst am Vortag ausgelieferten N736PA „Clipper Victor". Nur wenig später, am 18. Februar, absolvierte die erste für Lufthansa bestimmte 747-130 ihren Jungfernflug, und am 26. April wurde sie erstmals auf der Strecke Frankfurt – New York eingesetzt. Wie viele Flughäfen war auch der Rhein-Main-Airport gar nicht auf Abmessungen und Kapazität des Jumbo-Jets vorbereitet, so dass das am 14. März 1972 eröffnete neue Abfertigungsgebäude (damals Terminal Mitte, heute Terminal 1) noch in der Bauphase an die neuen Anforderungen angepasst werden musste.

Weitere Versionen

Die Erfahrung lehrt, dass ein Flugzeug nie genug Reichweite haben kann. In dieser Hinsicht machte der Jumbo keine Ausnahme. Die Tests mit den beiden Bruchzellen hatten gezeigt, dass die Struktur des Flugzeugs ein höheres Abfluggewicht auch ohne aufwendige Modifikationen gestatten würde. Folglich wurde bereits im Herbst 1967 die Version 747-200B angekündigt, mit einem anfänglich auf 351, später sogar auf 378 Tonnen vergrößerten maximalen Abfluggewicht. Rumpf und Tragflächen wurden verstärkt, ebenso das Fahrwerk, und die inzwischen zur Verfügung stehenden leistungsfähigeren JT9D-7-Triebwerke lieferten nun 54.750 Pfund (244 kN) Schub. Im Juni 1971 übernahm die niederländische KLM das erste Exemplar. Ebenso wie die frühen 747-100 verfügten auch die 747-200B zunächst auf beiden Seiten des Oberdecks nur über jeweils drei Passagierfenster, passend zur ursprüng-

lichen Intention vieler Airlines, dort eher einen gemütlichen Aufenthaltsraum als eine normale Kabine einzurichten. Weil die Realität aber dann doch anders aussah, wurden ab dem insgesamt 151. ausgelieferten Flugzeug auf jeder Rumpfseite zehn Fenster eingebaut.

British Airways hätte es gerne gesehen, wenn bereits ihre 747-100 mit Rolls-Royce-Triebwerken ausgerüstet worden wären, doch erst mit der 747-200B (eine -200A gab es nicht, so dass das „B" in späteren Jahren zumeist weggelassen wurde) bot Boeing die Möglichkeit an, den Jumbo-Jet optional auch mit RB211-524-Triebwerken des britischen Herstellers beziehungsweise mit dem CF6-50 von General Electric zu erwerben.

Dasselbe galt auch für die 747-100B, die ab 1977 angeboten, aber nur in wenigen Exemplaren ausgeliefert wurde. Sie verfügte über eine gegenüber der normalen 747-100 an einigen Stellen verstärkte Struktur und ein etwas erhöhtes maximales Abfluggewicht, konnte es aber an Popularität nie mit der 747-200B aufnehmen.

Kurzstreckenflüge waren vermutlich so ziemlich das letzte, wofür Boeing den Jumbo entworfen hatte, dennoch war – und ist – er auch in diesem Marktsegment erfolgreich tätig. Speziell für innerjapanische Strecken mit hohem Verkehrsaufkommen wurde die 747SR entwickelt, eine 747-100, bei der vor allem das Fahrwerk wegen der größeren Zahl von Starts und Landungen verstärkt wurde. Der geringere Treibstoffbedarf führte zu einem reduzierten maximalen Abfluggewicht, und durch das Weglassen einiger auf kurzen Flügen nicht benötigter Bordküchen und Toiletten stieg die Passagierkapazität auf über 500 an. All Nippon Airways (ANA) und Japan Airlines (JAL) waren die einzigen 747SR-Betreiber.

Für ganz große Entfernungen

In ihren Abmessungen waren alle bislang aufgeführten 747-Versionen identisch. Die 747SP, die erstmals im März 1976 ausgeliefert wurde, fiel dagegen bereits äußerlich aus dem Rahmen. Anfang der siebziger Jahre sah sich Boeing einer neuen Herausforderung gegenüber: Der Wirtschaft ging es nicht besonders gut, und die sich ankündigende Ölkrise sorgte nicht gerade für gute Stimmung bei den Fluggesellschaften. Sie verlangten nach kleineren, günstiger zu betreibenden Flugzeugen, und die dreistrahligen Douglas DC-10 und Lockheed L-1011 schienen die richtigen Lösungen für ihre Probleme zu sein. Boeing spielte kurzzeitig mit dem Gedanken, ein völlig neues Flugzeug zu entwerfen, aber das hätte zu viel Zeit und Geld gekostet. Die andere Möglichkeit schien in einer Verkürzung der 747 und dem Verzicht auf eines der Triebwerke zu liegen, was zu einer Reihe mitunter bizarr anmutender Entwürfe führte, bei denen beispielsweise

Unter Shuttle-Flügen versteht man in der Luftfahrt im Allgemeinen einen Pendelverkehr zwischen zwei Städten im festen Rhythmus. Für zwei 747-100 bekam dieser Begriff allerdings eine ganz besondere Bedeutung. Sie wurden modifiziert, um die „Space Shuttle"-Raumfähren der NASA von den Landeplätzen zum für die Starts genutzten Weltraumbahnhof Cape Canaveral zu transportieren. Das Shuttle reist dabei huckepack auf dem Rücken der 747, deren Struktur zur Aufnahme der Belastung verstärkt werden musste. Zwei zusätzliche Flossen an den Enden des Höhenleitwerks sorgen für eine Verbesserung der Stabilität um die Hochachse.

Nur 45 Boeing 747SP wurden insgesamt gebaut. Zwei davon hatte die australische Qantas bestellt.

Nur 45 Boeing 747SP wurden insgesamt gebaut. Zwei davon hatte die australische Qantas bestellt.

Seite 86/87: Diese farbenfrohe 747SP gehörte eigentlich South African Airways, wurde aber einige Jahre von Alliance Air eingesetzt, einer Fluggesellschaft, die gemeinsam von den drei afrikanischen Ländern Uganda, Tansania und Südafrika gegründet worden war.

Anfang der siebziger Jahre gab es kurzzeitig Überlegungen, eine dreistrahlige Jumbo-Version zu entwickeln. Die Pläne wurden jedoch schnell wieder zu den Akten gelegt. Statt dessen baute man die 747SP für extreme Langstrecken.

zwei Motoren unter dem einen und nur einer unter dem anderen Flügel installiert werden sollten. Auch die Installation des dritten Triebwerks im Heck mit Lufteinläufen an den Rumpfseiten oder wie bei der 727 wurde untersucht. Letztlich wurde aber keiner dieser Vorschläge, die erhebliche Modifikationen an Tragflächen und Rumpf erfordert hätten, umgesetzt. Statt dessen entschloss man sich 1973 zum Bau der 747SB (für „Short Body") mit nach wie vor vier Triebwerken, aber einem um 14,7 Meter kürzeren

Rumpf. Das war leichter gesagt als getan, denn die eigenwillige Form des Jumbos verbot das simple „Herausschneiden" von Rumpfsegmenten. Nach der Verkürzung endete das Oberdeck etwa auf Höhe der Flügelmitte und nicht wie zuvor an dessen Vorderkante, und durch das Entfernen eines konischen Segments erhielt das Rumpfheck einen auffälligen Knick. Seiten- und Höhenleitwerk wurden vergrößert, der Flügel-Rumpf-Übergang neu gestaltet und die dreigeteilten Landeklappen durch ein-

teilige ersetzt. Trotz des größeren Treibstoffvorrats lag das maximale Abfluggewicht mit knapp 318 Tonnen deutlich unter dem der 747-100. Pan Am war wieder einmal erster Kunde, und nachdem die Fluggesellschaft den gedrungenen Jet als „Sutter's Balloon" verspottet hatte, wurde aus der 747SB nun die 747SP (für „Special Performance"). Technisch war die SP, die mehrere Weltrekorde aufstellte, zweifellos ein Erfolg, doch die Marktnische, die sie bediente, war vergleichsweise klein, so dass letztlich nur 45 Exemplare gebaut wurden. Das Gros der wenigen noch im Einsatz stehenden 747SP wird heute für VIP-Flüge genutzt, aber eine ehemals von United betriebene SP soll im Auftrag der NASA und des Deutschen Zentrums für Luft- und Raumfahrt (DLR) als fliegendes Teleskop (Stratospheric Observatory For Infrared Astronomy – SOFIA) zum Einsatz kommen.

Kombis, Convertibles und Frachter

Ab Werk wurde die 747-100 nicht als Frachter angeboten, doch weil der Jumbo von Anfang an auf eine Zweitverwendung als Cargo-Flugzeug ausgelegt war, war eine nachträgliche Umrüstung – im Übrigen von Boeing in Wichita durchgeführt – vergleichsweise einfach. Eine ganze Reihe von 747-100 wurde im Laufe ihres Einsatzes mit einer 3,40 Meter breiten und 3,05 Meter hohen Frachttür auf der linken Rumpfseite hinter den Tragflächen ausgestattet. Kombi-Ausführungen für Passagiere (im vorderen Rumpfbereich) und Cargo wurden später durch ein angehängtes „M" gekennzeichnet, reine Frachter erhielten die Bezeichnungen 747-100F oder -100SF (für „Special Freighter").

Vergleichbare Umrüstungen wurden später für die 747-200B ebenfalls angeboten, aber Boeing lieferte auch fabrikneue Frachter (747-200F, mit Bugtor, aber ohne Kabinenfenster und mit nur zwei Türen), Kombis (747-200BC, später als 747-200M bezeichnet) und Convertibles (747-200C, ebenfalls mit Bugtor) aus. Diese Flugzeuge eröffneten ob ihrer Dimensionen und Reichweite dem weltweiten Frachtverkehr ganz neue Möglichkeiten, gestatteten sie doch zum ersten Mal die Beförderung auch sperriger Güter auf dem Luftweg – und das zu vertretbaren Kosten.

Convertibles, die für die Beförderung von Passagieren, Fracht oder einer Kombination von beiden genutzt werden konnten, verfügten ebenso wie die Frachter über das Bugtor mit seiner 3,45 Meter breiten und 2,49 Meter hohen Öffnung, das schon bei der Konzeption des Jumbos eingeplant worden war, sowie optional über eine seitliche Frachttür. Letztere wiederum gehörte zur Standardausstattung der Kombi-Version, die die erfolgreichste der drei genannten Baureihen war und von der 78 Exemplare produziert wurden.

Mehr Platz im Oberdeck

Eine Kombi war auch jenes Flugzeug, das Swissair am 5. März 1983 übernahm. Allerdings wies die geänderte Kontur des charakteristischen Buckels darauf hin, dass es sich um ein neues Modell handeln musste. 1980 hatte Boeing beschlossen, die Produktpalette durch eine 747-200 mit verlängertem Oberdeck, in dem nun bis zu 91 Economy-Class-Passagiere untergebracht werden konnten, zu erweitern. Zunächst als SUD („Stretched Upper Deck")

747SR-146B (SUD)

Die große Zahl der Versionen und die vielen nachträglichen Umbauten führten zu mitunter komplizierten und oftmals auch verwirrenden Typenbezeichnungen. So war die 747SR bekanntlich die Kurzstreckenversion der 747-100. Es gab aber auch eine Variante der 747-100B für den japanischen Inlandsmarkt, die dann bei Japan Air Lines als 747SR-146B eingesetzt wurde (die „46" ist der Boeing-Airline-Code für JAL). Mitte der achtziger Jahre orderte die Gesellschaft zwei weitere dieser Flugzeuge, allerdings mit dem bei der 747-300 eingeführten verlängerten Oberdeck („Stretched Upper Deck"), weshalb ihre korrekte Bezeichnung nun 747SR-146B (SUD) lautet.

Die Boeing 747 revolutionierte nicht nur den Passagierverkehr, sondern auch die Luftfrachtindustrie. Mehr als 255 Jumbos wurden ab Werk als Frachter geordert, dazu kamen etliche Kombis und Convertibles, von denen viele später zu Nurfrachtern umgerüstet wurden. Auch ausgemusterte Passagierflugzeuge dienen – mit einem seitlichen Frachttor ausgerüstet – zur Cargobeförderung.

Der Umstieg auf ein Zwei-Mann-Cockpit war einer der Gründe, warum die 747-400 etwas später als geplant auf den Markt kam. Andererseits trug er entscheidend zum großen Erfolg dieser Variante bei.
Die großen Bildschirme gestatteten den Verzicht auf unzählige herkömmliche Instrumente. Aus den 971 Lampen, Anzeigen und Schaltern der 747-100 waren im Cockpit der 747-400 nur noch 365 geworden, wie auf dieser Fotomontage gut zu erkennen ist.

Seite 90/91: Die Briten machen traditionell gerne Urlaub in den USA, und Las Vegas ist eines der beliebtesten Ziele. Nicht umsonst setzt Virgin Atlantic die 747-400 für Flüge in das Spielerparadies ein.

oder EUD („Extended Upper Deck") bezeichnet, ging das Muster schließlich als 747-300 in Serie. Der Zugang zum oberen Passagierraum erfolgte nun nicht mehr über eine Wendeltreppe, sondern über einen geraden Aufgang.

So sehr die Fluggesellschaften die zusätzlichen Passagiersitze der 747-300 mochten, so wenig erfreut waren sie über das damit einhergehende zusätzliche Gewicht und die Einbußen bei der Reichweite, denn Antrieb und maximales Abfluggewicht blieben unverändert. Boeing konnte daher nur 81 Flugzeuge an den Mann bringen, davon vier in der Version 747-300SR für den Einsatz auf den Inlandsrouten von Japan Air Lines sowie 21 Kombis. Zusätzlich wurden mehrere 747-100 und -200 mit dem verlängerten Oberdeck ausgestattet.

Ein fast neues Flugzeug

Die letzten „klassischen" 747, wie die Serien 747-100 bis -300 heute zumeist genannt werden, wurden 1990 ausgeliefert, gut ein Jahr nachdem der Nachfolger 747-400 den Liniendienst angetreten hatte. Das neue Muster, im Oktober 1985 erstmals angekündigt, brachte dank einer deutlichen Leistungssteigerung, dem Einsatz moderner Technologien, Werkstoffe und Triebwerke sowie dem Umstieg auf ein Zwei-Mann-Cockpit wieder Leben in das Jumbo-Jet-Programm, und die Verkaufszahlen der 747-400 sollten die aller Vorgänger weit hinter sich lassen. Allerdings musste Boeing ein wenig zu seinem Glück gezwungen werden. Erst der Druck diverser Fluggesellschaften, allen voran die Lufthansa mit ihrem Technikchef Reinhardt

Abraham, brachte den Hersteller von seinem ursprünglichen Vorhaben einer weiteren nur marginalen Verbesserung ab.

Basis der Weiterentwicklung war die 747-300, von der sich die -400 äußerlich durch eine vergrößerte Spannweite und vor allem die etwa 1,80 Meter hohen Winglets an den Flügelenden unterschied. Die weniger offensichtlichen Veränderungen betrafen die Verwendung neuer Aluminium-Legierungen, den Einbau eines 12.500 Liter fassenden Treibstofftanks im Höhenleitwerk, eine völlig neu gestaltete Kabine und das Cockpit, das jetzt nur noch eine zweiköpfige Besatzung beherbergte. Gerade hier flossen viele Erfahrungen aus dem 757- und 767-Programmen ein, was auch an den sechs 20 mal 20 Zentimeter großen Bildschirmen deutlich wurde, die eine Vielzahl von herkömmlichen Rundinstrumenten ersetzten. Statt 971 Lampen, Anzeigen und Schaltern wie bei der 747-100 waren es nur noch 365 im Cockpit der 747-400.

Das maximale Abfluggewicht stieg auf fast 397 Tonnen, die Reichweite betrug bis zu 13.450 Kilometer. Dazu trugen auch die Triebwerke bei, die nun je nach Hersteller – bei Pratt & Whitney hatte das PW4000 inzwischen das veraltete JT9D abgelöst – bis zu 63.300 Pfund (282 kN) Schub lieferten. Die neuen Antriebe waren im Übrigen die gleichen, die auch für die 767 geordert werden konnten, was die Ersatzteilbevorratung bei den Airlines vereinfachte.

Die umfassenden Verbesserungen stießen auf großes Interesse bei potentiellen Kunden, und schon vor dem Erstflug lagen 162 Festbestellungen vor, darunter acht von der Lufthansa, die ihre Flotte später sogar auf 30 Flugzeuge aufstockte. Dem Erfolg des Programms konnten auch anfängliche Probleme bei der Integration der Avionik und der neuen Kabine nichts anhaben, die zu einer kleinen Verzögerung von Erstflug und Zulassung führten. Am 26. Januar 1989 erhielt Northwest Airlines ihr erstes Flugzeug, noch im September desselben Jahres wurde die erste 747-400M (Kombi) an KLM ausgeliefert. Gut zwei Jahre später begann die Auslieferungen der Kurzstreckenvariante für den japanischen Markt, die dieses Mal durch ein angehängtes „D" (für „Domestic") gekennzeichnet wurde. Bei der 747-400D wurde auf die Installation von Winglets verzichtet, der Frachter 747-400F, erstmals im November 1993 von Cargolux in Dienst gestellt, unterschied sich von den übrigen 400ern dagegen durch das kurze Oberdeck, wie es bei den ersten 747-Versionen Standard war, die fehlenden Fenster, das Bugtor und das – optional erhältliche – seitliche Frachttor. Ab 2004 bot Boeing darüber hinaus unter der Bezeichnung 747-400BCF („Boeing Converted Freighter") die Umrüstung ausgedienter Passagier- und Kombimodelle der 747-400

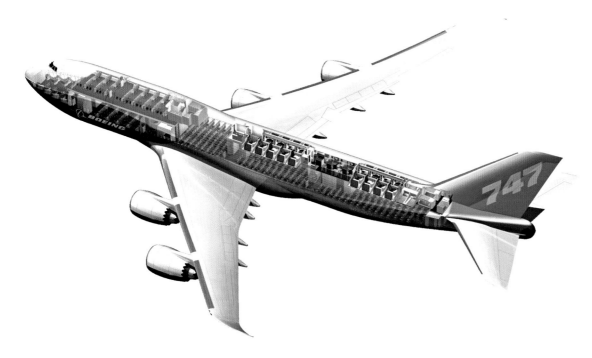

zu Cargoflugzeugen mit einer großen Frachttür auf der linken Rumpfseite an.

Die nächste Generation

Gegen Ende des vergangenen Jahrhunderts begann das Interesse der Airlines an der 747-400, vor allem an der Passagierversion, spürbar nachzulassen. Auf einer ganzen Reihe von Strecken waren die Jumbos ohnehin vorrangig aufgrund ihrer großen Reichweite eingesetzt wurden, und nun standen mit dem Airbus A340-600 und der Boeing 777-300ER auf einmal etwas kleinere und kostengünstiger zu betreibende Alternativen zur Auswahl. Und wer wirklich ein großes Flugzeug wollte, den lockte Airbus mit der A380 (damals noch A3XX) ins europäische Lager.

Allerdings stand Boeing bereits Mitte der neunziger Jahre, als die A380 nicht viel mehr als ein Papierflugzeug und von A340-600 und 777-300ER noch überhaupt nicht die Rede war, kurz davor, eine neue 747-Generation auf den Markt zu bringen. Die 747-500X und 747-600X sollten einige der mit der 777 eingeführten Kabinenelemente und Systeme, darunter die elektronische Flugsteuerung („fly by wire") übernehmen und in unterschiedlich stark gestreckten Rümpfen normalerweise 462 beziehungsweise 548 Passagieren Platz bieten – gegenüber durchschnittlich 420 in der 747-400. Eine 747-700X mit größerem Rumpfquerschnitt hätte gegebenenfalls folgen sollen, doch Anfang 1997 wurde das Vorhaben mangels Nachfrage wieder eingestampft.

Den nächsten Anlauf unternahm der Hersteller drei Jahre später. 747-400X, 747X und 747X Stretch hießen die-

ses Mal die Kandidaten, von denen es jeweils auch Frachterableitungen geben sollte. Die -400X wurde Ende November 2000 nach einer Bestellung durch die australische Fluggesellschaft Qantas offiziell als 747-400 Longer Range beziehungsweise 747-400ER gestartet. Die Veränderungen gegenüber der 747-400 waren nur marginal und beschränkten sich im Wesentlichen auf den Austausch der Röhrenbildschirme im Cockpit gegen Flüssigkristalldisplays (LCD), ein auf 413 Tonnen erhöhtes maximales Abfluggewicht und eine durch den Einbau von zusätzlichen Tanks im Rumpf ermöglichte Erhöhung der Reichweite um etwa 800 Kilometer.

Die beiden größeren Modelle 747X und 747X Stretch, die vergrößerte Tragflächen mit einer auf knapp 70 Meter erhöhten Spannweite hätten erhalten sollen, wurden ebenso wenig realisiert wie die Anfang 2002 vorgestellte 747-400X QLR (für „Quiet Longer Range"), für die nach hinten gepfeilte Flügelspitzen wie bei 767-400ER und 777-200LR/300ER sowie ein auf 418 Tonnen gesteigertes maximales Startgewicht vorgesehen waren.

Boeing ließ sich von diesen Fehlschlägen jedoch nicht entmutigen, zumal eine Reihe von Fluggesellschaften, darunter nicht zuletzt die Lufthansa, immer wieder ihr Interesse an einem Großraummuster unterhalb der A380 bekundet hatte. Letztlich waren alle Versuche der Amerikaner, eine aufgewertete 747 ins Rennen zu schicken, wohl vor allem daran gescheitert, dass keine geeigneten Triebwerke zur Verfügung standen, die die notwendige Reduzierung der Betriebskosten ermöglicht hätten. Zum „Retter in der Not" wurde schließlich die 787. Für das

„SkyLoft" nennt Boeing den Bereich oberhalb des Hauptdecks, aber hinter dem „Buckel", der bei der 747-8 für Schlafkojen, aber auch für Aufenthaltsräume genutzt werden kann.

747-Zeitreise

13.04.1966	Erste Bestellung durch Pan Am
30.09.1968	Rollout der 747-100
09.02.1969	Erstflug der 747-100
30.12.1969	Zulassung der 747-100
21.01.1970	Indienststellung der 747-100 bei Pan Am
11.10.1970	Erstflug der 747-200
15.01.1971	Erste Auslieferung der 747-200
30.11.1971	Erstflug der 747-200F
10.03.1972	Erste Auslieferung der 747-200F
04.07.1975	Erstflug der 747SP
05.10.1982	Erstflug der 747-300
29.04.1988	Erstflug der 747-400
10.01.1989	Zulassung der 747-400
26.01.1989	Erste Auslieferung der 747-400
04.05.1993	Erstflug der 747-400F
17.11.1993	Erste Auslieferung der 747-400F
31.07.2002	Erstflug der 747-400ER
31.10.2002	Erste Auslieferung der 747-400ER
14.11.2005	Programmstart der 747-8

Die 747-8-Familie kombiniert einen gestreckten 747-Rumpf mit neuen Tragflächen, einem leicht modifizierten Cockpit und dem für die 787 entwickelten GEnx-Triebwerk von General Electric.
Erste Auslieferungen sind für Ende 2009 vorgesehen.

zweimotorige Mittel- und Langstreckenmuster, das unter anderem die 767 ablösen sollte, hatten General Electric und Rolls-Royce neue Triebwerke entwickelt, die sich vor allem durch einen drastisch gesenkten Treibstoffverbrauch auszeichneten. Und so wie 767 und 747-400 über die gleichen Antriebe verfügten, konnten die für die 787 vorgesehenen Triebwerke mit nur geringen Modifikationen auch für eine neue 747-Generation verwendet werden. Ab 2004 begann Boeing, das vorläufig als 747 Advanced bezeichnete Muster aktiv zu vermarkten, und am 14. November 2005 schließlich konnte der Hersteller offiziell bekannt geben, dass die neue 747-8-Familie ab Ende 2009 die 747-400 ablösen würde. Cargolux und Nippon Cargo Airlines hatten zusammen 18 Exemplare der 747-8F bestellt, womit zum ersten Mal ein Flugzeugprogramm zunächst mit der Fracht-Version gestartet wurde.

Trotz der identischen Versionsnummer hatte Boeing für 747-8 Intercontinental und 747-8F unterschiedliche Rumpflängen vorgesehen. Der Frachter sollte verglichen mit der 747-400F um 5,6 Meter verlängert werden. Dagegen war für die Passagierversion nur eine Streckung um 3,6 Meter gegenüber der 747-400 geplant, was bei einer Drei-Klassen-Bestuhlung die Unterbringung von 450 Fluggästen gestattete. Bei Drucklegung dieses Buches wurden aber bereits Überlegungen über eine Variante der 747-8 Intercontinental mit dem längeren Rumpf des Frachters angestellt.

Weitere Veränderungen gegenüber den Vorgängermodellen betrafen vor allem die neu entwickelten Tragflächen mit nach hinten und oben gebogenen Enden, eine vergrößerte Treibstoffkapazität und die Verwendung neuer Aluminiumlegierungen. Das Cockpit wurde nur behutsam unter Einbeziehung der Erfahrungen mit 777 und 787 überarbeitet, so dass die Piloten beim Umstieg von der 747-400 keine neue Musterberechtigung erwerben mussten. Zusätzlichen Platz hoffte Boeing nicht nur durch die Verlängerung des Rumpfes zu gewinnen, sondern auch durch die Einbeziehung des bis dahin ungenutzten Platzes im hinteren Kabinenbereich oberhalb des Hauptdecks. In der „SkyLoft" sollten nicht nur Vorräte für die Bordküchen gelagert und somit Raum für zusätzliche Plätze in der Kabine geschaffen, sondern darüber hinaus Schlafgelegenheiten für Passagiere untergebracht werden. Zwischen 14 (nur First Class) und 40 (nur Economy Class) Betten, die allerdings bei Start und Landung nicht genutzt werden dürften, könnten dort zusätzlich installiert werden, ohne dass die Airlines dafür auf einen einzigen zahlenden Passagier verzichten müssten. Die alte Dame 747, für viele trotz der A380 noch immer die einzig wahre „Königin der Lüfte", ist also auch fast 40 Jahre nach ihrem Erstflug immer noch für Überraschungen gut.

757 – Vielseitig einsetzbar

Als spritsparende Nachfolgerin der dreistrahligen Boeing 727 für den US-Inlandsmarkt konzipiert, wurde die 757 auch gerne von europäischen Charterfluggesellschaften eingesetzt.

Seite 96/97: Die inzwischen mit US Airways fusionierte America West Airlines hatte einige ihrer 757-200 mit auffälligen Sonderbemalungen versehen.

Die beiden zweistrahligen Neuentwicklungen Boeing 757 und 767, Anfang der achtziger Jahre innerhalb weniger Monate zugelassen und erstmals ausgeliefert, werden angesichts einer Vielzahl von Gemeinsamkeiten oft als Zwillinge tituliert. Abgesehen davon, dass sie ob ihres unterschiedlichen „Leibesumfangs" – der größere Rumpfdurchmesser der 767 erfordert zwei Mittelgänge – und vollständig unterschiedlicher Einsatzgebiete wohl eher als Vettern beziehungsweise Cousinen gelten sollten, verlief ihre Entwicklung längst nicht so parallel, wie angesichts des Zeitplans angenommen werden könnte.

Dennoch lassen sich ihre Ursprünge auf ein und dasselbe Flugzeug zurückführen – die 727. Anfang der siebziger Jahre, als Ölkrise und eine generell schlechte wirtschaftliche Lage den Fluggesellschaften das Leben schwer machten, wurden ihre Grenzen offensichtlich. Drei Triebwerke, noch dazu mit niedrigem Nebenstromverhältnis und damit relativ hohem Treibstoffverbrauch, sowie ein Drei-Mann-Cockpit machten das Flugzeug im Einsatz zu kostspielig. Die angesichts knapper Kassen nahe liegende Lösung war eine Weiterentwicklung der 727, um die Kosten für Hersteller und Kunden so niedrig wie möglich zu halten. Die Geschichte hat allerdings gezeigt, dass ein solcher Weg durchaus mit einem gewissen Risiko verbunden ist. Douglas ist ihn mit der MD-80-Familie als Ablösung der DC-9 erfolgreich gegangen, nur um beim abermaligen Versuch eines Aufgusses zur MD-90/MD-95 Schiffbruch zu erleiden. Boeing konnte dem 737-Programm gleich zweimal äußerst erfolgreich neues Leben

Lange Zeit sah es so aus, als würde die 757 so wie ihre Vorgängerin 727 ein T-Leitwerk erhalten.

einhauchen, während Airbus bei der A350 schmerzhaft erfahren musste, dass es nicht immer reicht, nur das Nötigste zu tun – speziell dann, wenn man es mit einem

hochmodernen Konkurrenzprodukt zu tun hat. Zumindest Letzteres war jedoch (noch) nicht der Fall, als Boeing besonders auf Drängen von United Airlines 1974 die 727-300B in Angriff nahm. Vorgesehen waren ein um etwa sechs Meter verlängerter Rumpf, der Platz für 35 zusätzliche Passagiere geboten hätte, ein neues Fahrwerk mit vier statt zwei Rädern an jedem Hauptfahrwerksbein, geänderte Vorflügel und Landeklappen, damit das Flugzeug von denselben kurzen Start- und Landebahnen eingesetzt werden konnte wie die anderen 727-Modelle, sowie selbstverständlich eine modernere Variante der JT8D-Triebwerke. Das Programm stand kurz vor der Realisierung, doch letztlich kamen die potenziellen Kunden zu dem Schluss, dass die vergleichsweise moderaten Verbesserungen beim Spritverbrauch von 13 Prozent pro Passagierkilometer in keinem Verhältnis zu den zu erwartenden Kosten standen. Zudem war nicht sicher, ob die gewählten Antriebe auch künftigen strengeren Lärmrichtlinien genügen würden, so dass die Arbeiten an der 727-300 im August 1975 eingestellt wurden. Auch weitere Studien im Herbst des Jahres mit dem Ziel, eine kostengünstiger gestreckte Variante mit minimalen Veränderungen auf den Markt zu bringen, waren nicht von Erfolg gekrönt. Sehr zur Enttäuschung Boeings, denn der Hersteller hatte bereits etwa 50 Millionen Dollar in das Programm investiert.

7-Norton-7

Doch das Geld war keinesfalls zum Fenster hinaus geworfen worden. So fand sich das neu entwickelte Hauptfahrwerk später in nur leicht geänderter Form an der 757 wieder, und die Gespräche mit den Airlines hatten wichtige Informationen darüber geliefert, welche Vorstellungen sie von einem neuen Mittelstreckenflugzeug hatten. Das trug in den Jahren 1976 und 1977 das Kürzel 7N7, wobei das Gerücht geht, dass das „N" auf Bob Norton, damals Chef der Produktentwicklung, zurückzuführen war. Obwohl die 7N7 noch immer viele 727-Elemente enthielt, war sie doch schon ein deutlicher Schritt hin zu einem von Grund auf neuen Muster. „Steigenden Entwicklungskosten konnte man nur einen sehr effizienten Flugzeugentwurf entgegensetzen", so Phil Condit, seinerzeit Chefingenieur des 757-Programms und später lange Jahre Chairman von Boeing. Und das wiederum ging nur „mit einem neuen Flügel und Triebwerken neuer Technologie". Als Antriebe standen einerseits das RB211-535 von Rolls-Royce und das CF6-32 von General Electric, beides Ableitungen von Triebwerken für Großraumflugzeuge, andererseits das JT10D von Pratt & Whitney, ein völlig neuer Entwurf, aus dem später das PW2000 hervorgehen sollte, zur Verfügung.

Ein erster Entwurf, intern Model 761-161 genannt, bot Platz für 164 Passagiere in einer gemischten Kabine und für 184 bei einer Ein-Klassen-Bestuhlung. Zentrale Unterschiede zur 727 waren neben den neuen Triebwerken ein neuer, aerodynamisch günstigerer Flügel mit einer 30-Grad-Pfeilung und ein Zwei-Mann-Cockpit. Für den Rumpf verwendeten die Entwickler Elemente von 727 und 737, kombiniert mit neuen Bauteilen, für das Heck bediente man sich bei 707 und 737. Doch die erforderlichen Modifikationen waren so umfangreich, dass das angestrebte Maß an Kommunalität nicht erreicht wurde. Als Folge entschloss man sich bei der neuen Entwicklungsstufe 761-164 zur Verwendung des 727-Hecks, was trotz der erforderlichen Veränderungen wegen der nun unter den Tragflächen platzierten Antriebe ein höheres Maß an Gemeinsamkeiten mit der 727 gewährleistete.

Die Fluggesellschaften, allen voran British Airways und Eastern Airlines, die als wahrscheinlichste Erstkunden galten, zeigten großes Interesse an diesem Vorschlag; allerdings wünschten einige wegen der erwarteten Wiederbelebung des zivilen Luftverkehrs eine etwas größere Kapazität. Boeing reagierte mit dem Model 761-177, einem 180-Sitzer mit abermals verlängertem Rumpf, der nicht nur das volle Potential der vorhandenen Triebwerke nutzte, sondern die Leistungen der 727-200 bei Flügen von anspruchsvollen Flughäfen wie Denver und La Guardia mit ihren hoch gelegenen beziehungsweise kurzen Bahnen noch übertraf. Zudem erfüllte er die strengen Lärmrichtlinien und verbrauchte auf einem typischen 900-Kilometer-Flug 35 Prozent weniger Treibstoff pro Passagier. Wegen der zusätzlichen Sitze wurde das Flugzeug zwar größer als von Boeing gewünscht und näherte sich der Sitzplatzkapazität der parallel entwickelten 767, für die bereits erste Bestellungen vorlagen. Andererseits sollten beide Flugzeuge völlig unterschiedliche Märkte bedienen, so dass die Gefahr einer Konkurrenzsituation im eigenen Haus gering erschien. Im August 1978 schließlich gaben British Airways und Eastern Airlines bekannt, 17 beziehungsweise 21 Exemplare des neuen Modells, das inzwischen den Namen 757-200 erhalten hatte, kaufen zu wollen. Eine zu diesem Zeitpunkt noch vorgesehene kleinere 757-100 mit etwa 160 Sitzplätzen wurde übrigens wegen der ungünstigen Betriebskosten pro Passagier nie realisiert.

Untersuchungen von modernen Tragflächenprofilen und die im Vergleich zur 727 angepeilte niedrigere Reisegeschwindigkeit gestatteten eine Reduzierung der Flügelpfeilung um fünf auf 25 Grad, wodurch sich auch das Gewicht der Flügel etwas verringerte. Weitere Detailänderungen führten Ende 1978 zu einer neuen – noch immer vorläufigen – 757-200-Konfiguration, die intern die

Bezeichnung 761-280 trug und bei einer Zwei-Klassen-Bestuhlung 178 Fluggästen Platz bot. Durch die wiederholte Streckung des Rumpfes und die damit einhergehende Vergrößerung von Seiten- und Höhenleitwerk hatte das neue Modell inzwischen einen Großteil der Gemeinsamkeiten mit der 727 eingebüßt, auch wenn die Cockpitsektion und Teile des Rumpfes nach wie vor weitgehend identisch waren. Das Entwicklungsteam hatte in den vorangegangenen Monaten immer wieder Überlegungen angestellt, das T-Leitwerk durch ein konventionelles zu ersetzen, wobei sich unter Leistungsgesichtspunkten so gut wie keine Unterschiede ergaben. Der 767-Entwurf hatte sein ursprüngliches T-Leitwerk inzwischen verloren, und nachdem Boeing aufgrund der von den Kunden gewünschten möglichst raschen Lieferung sowohl von 757 als auch 767 praktisch gezwungen war, beide Muster nahezu zeitgleich auf den Markt zu bringen, entschloss man sich, auch bei der 757 ein konventionelles Leitwerk vorzusehen. Die Vorteile waren offensichtlich: Zum einen konnte der obere Teil des 767-Leitwerks verwendet werden, zum anderen wurde das Flugzeug bei identischer Passagierkapazität um sechs Meter kürzer. Durch die Umgestaltung des Hecks fiel das hintere Druckschott etwas größer aus, was wiederum mehr Platz für die Unterbringung der Bordküche mit sich brachte. Bei gleicher Länge und gleichem Komfortniveau vermochte die 757-200 nun rund 30 Prozent mehr Passagiere zu befördern als die 727-200.

Neue Nase

Spätestens an diesem Punkt waren Überlegungen angebracht, wie ernsthaft man das Thema Kommunalität zur 727 noch betreiben sollte, zumal 757 und 767 auch dann

Als erste Boeing-Verkehrsflugzeuge erhielten 757 und 767 ein modernes Glascockpit mit Kathodenstrahlröhren-Bildschirmen, die viele der herkömmlichen Instrumente ersetzten.

Weil 757 und 767 identische Flugdecks erhalten sollten, konnte Boeing für die 757 nicht wie geplant die vordere Rumpfsektion der 727 übernehmen, sondern musste einen völlig neuen Bug entwerfen.

Nach Einstellung der Produktion ist die 757 plötzlich beliebt wie – fast – nie zuvor. Dazu tragen nicht zuletzt die Blended Winglets bei, mit denen das Flugzeug nachgerüstet werden kann und die den ohnehin schon niedrigen Treibstoffverbrauch noch einmal senken. Einige Fluggesellschaften nutzen die 757 inzwischen, um neue Strecken zunächst einmal zu erproben oder Verbindungen zu bedienen, die den Einsatz größerer Flugzeuge nicht rechtfertigen. Diese 757-200 von Continental Airlines etwa startet in Berlin-Tegel zu einem Flug nach New York.

Seite 101: Eine 757-200, die nach der Übernahme von TWA zur American-Airlines-Flotte stieß, beim Start in Las Vegas.

noch gemeinsam im Einsatz stehen würden, wenn ihr dreistrahliger Vorgänger zumindest bei den großen Fluggesellschaften längst seinen verdienten Ruhestand genoss. Es schien daher sinnvoll, eher auf Gemeinsamkeiten zwischen den beiden Neuentwicklungen zu achten als auf eine möglichst große Nähe der 757 zu ihrer Vorgängerin. Eine solche Vorgehensweise lag nicht nur im Interesse der künftigen Betreiber, denen beim Erwerb beider Muster Einsparungen bei der Ersatzteilhaltung winkten; sie hatte durchaus handfeste Vorteile auch für Boeing. Zum einen vergrößerten sich die Verkaufschancen, zum anderen vereinfachte die Nutzung gemeinsamer Komponenten die parallele Entwicklung der beiden neuen Flugzeuge. Was aber bei Klimaanlage, Hilfsgasturbine (APU) oder hydraulischen und elektrischen Systemen noch vergleichsweise einfach umzusetzen war, gestaltete sich beim Cockpit erheblich schwerer. Der Arbeitsplatz der zunächst drei-, später zweiköpfigen 767-Crew war in einer Bugsektion untergebracht, die ebenso wie das restliche Flugzeug eine komplette Neuentwicklung darstellte, während der 757-Entwurf auch beim offiziellen Programmstart im Frühjahr 1979 nach wie vor den Vorderrumpf der 727 aufwies. Und in dem ließ sich das für die größere der beiden Neuentwicklungen vorgesehene Flugdeck partout nicht unterbringen. Die Entwickler nahmen sich daher Instrumentenbrett (inklusive der modernen Bildschirme, siehe das Kapitel über die 767), Mittelkonsole, Sitzanordnung und sogar die beiden Windschutzscheiben der 767 vor und konstruierten um sie herum eine neue Bugsektion derart, dass es für die Piloten keinen Unterschied machte, ob sie im Cockpit einer 757 oder einer 767 saßen. Selbst das Sichtfeld nach draußen war identisch, und es war vor allem diese Forderung, die dem Bug seine charak-

teristische und bei keinem anderen Boeing-Entwurf zu findende Form verlieh. Doch viel wichtiger als eine ansprechende Optik war der Umstand, dass die so noch verstärkten Gemeinsamkeiten zwischen beiden Mustern nur eine einzige Musterberechtigung erforderten. Piloten würden ohne zusätzliche Trainingsstunden von der 757 zur 767 und umgekehrt wechseln können. Abgesehen davon schaffte die neue Bugsektion zusätzlichen Platz im vorderen Teil der Kabine für die Unterbringung einer Küche und einer Toilette.

Amerikanisches Flugzeug mit britischem Triebwerk

Die im Boeing-Werk Renton parallel zur 737 produzierte 757 war das erste Standardrumpfflugzeug, das über Triebwerke mit hohem Nebenstromverhältnis verfügte. Die von Rolls-Royce und General Electric vorgeschlagenen Antriebsvarianten basierten auf Triebwerken für Großraumflugzeuge wie Boeing 747, McDonnell Douglas DC-10 oder Lockheed L-1011. Eastern und British Airways entschieden sich für das RB211-535C des britischen Herstellers, so dass die 757 das erste Boeing-Flugzeug war, das zunächst mit einem nicht in den USA entwickelten Triebwerk ausgerüstet wurde. Nur eine einzige Gesellschaft – Aloha Airlines aus Hawaii – wählte das CF6-32 von General Electric. Allerdings nahm die Gesellschaft die bestellten 757 niemals ab, und mangels weiterer Bestellungen zog sich GE aus dem 757-Geschäft zurück. Dafür bot Pratt & Whitney mit dem PW2037, an dem auch die Münchener MTU beteiligt war, eine alternative Antriebsvariante an, die etwas leistungsstärker und dazu weniger durstig war als das britische Triebwerk, so dass sich Rolls-Royce gezwungen sah, mit dem RB211-535E4 nachzuziehen, das ähnlich günstige Verbrauchswerte garantierte.

Schlechter Zeitpunkt

Das RB211-535C wurde im Oktober 1981 von der britischen Luftfahrtbehörde CAA zugelassen – rechtzeitig vor dem Jungfernflug der 757-200 am 19. Februar 1982, bei dem John Armstrong und Lew Wallick im Cockpit saßen. 1.380 weitgehend problemfreie Testflugstunden später unterzeichnete die FAA die Zulassungspapiere, und bereits am folgenden Tag, dem 22. Dezember 1982, übernahm Eastern Airlines das erste Flugzeug. Am Neujahrstag 1983 setzte die Gesellschaft die 757-200 erstmals im Liniendienst ein; lackiert in den um den übergroßen Schriftzug „757" auf dem Seitenleitwerk ergänzten traditionellen Eastern-Farben. Der neue Jet traf auf einen noch immer von einer Rezession gebeutelten Markt. Entsprechend schleppend liefen die Verkäufe in den Anfangsjahren. Zum Zeitpunkt der Erstauslieferung lagen, vor allem dank

eines Delta-Großauftrags für 60 Flugzeuge mit PW2037-Triebwerken, bereits 107 Bestellungen vor; zwei Jahre später war die Zahl gerade einmal auf 135 geklettert. Doch das sollte sich in der Folgezeit ändern, denn mit ihrem niedrigen Treibstoffverbrauch und vor allem der transkontinentalen Reichweite war die 757-200 das ideale Flugzeug für viele US-Fluggesellschaften, aber auch für europäische Charterairlines. Zu den Kunden aus diesem Marktsegment gehörten beispielsweise die deutschen Ferienflieger Condor und LTU, die darüber hinaus auch die 767 einsetzten.

Bereits 1986 war die 757-200 mit Rolls-Royce-Triebwerken für Flüge nach ETOPS-120-Regularien zugelassen worden, durfte also Routen befliegen, bei denen ein geeigneter Ausweichflughafen bis zu zwei Flugstunden entfernt lag. 1990 zog die Pratt & Whitney getriebene Variante nach. Noch im selben Jahr (RB211-535) beziehungsweise 1992 (PW2000) wurde die Erlaubnis auf 180 Minuten ausgedehnt. Kein Wunder, dass die eigentlich für den Inlandsverkehr konzipierte 757 in der Folgezeit auch auf Transatlantikverbindungen mit geringem Verkehrsaufkommen zum Einsatz kam, erst recht, als ab 2005 mit der nachträglichen Installation von Blended Winglets die Reichweite noch einmal gesteigert werden konnte.

Frachter für UPS

Die Beförderung von Fracht hatte bei der Entwicklung sämtlicher Boeing-Düsenverkehrsflugzeuge eine wichtige Rolle gespielt, was sich in diversen Kombi- und Vollfrachtversionen niederschlug. Daher war es keine Überraschung, als der Hersteller 1985 die 757-200PF vorstellte, für die ebenfalls Triebwerke von Rolls-Royce und Pratt & Whitney zur Auswahl standen. „PF" stand für „Packet Freighter", also Paketfrachter, und war offensichtlich auf den Erstkunden United Parcel Service (UPS) gemünzt. Sämtliche Kabinenfenster und alle normalerweise vorhandenen Türen wurden weggelassen, die Besatzung betrat das Flugzeug statt dessen über eine neue, kleinere Tür unmittelbar hinter dem Cockpit. Für die Be- und Entladung wurde ein 3,40 x 2,18 Meter großes Tor auf der linken Rumpfseite vor den Tragflächen eingebaut, durch das insgesamt 15 Paletten oder Container mit einem Gesamtgewicht von knapp 40 Tonnen an Bord gebracht werden konnten. Später wurde das Muster zumeist einfach als 757-200F bezeichnet, was die Verkaufszahlen allerdings auch nicht in die Höhe trieb. Neben UPS, die insgesamt 75 Exemplare bestellte, orderten nur Ethiopian Airlines (1 Flugzeug) und die australische Leasinggesellschaft AWAS (4) den 757-Frachter. Noch schlechter lief das Geschäft mit der Kombiversion 757-200M, die zweifellos als das Flugzeug mit der geringsten Zahl von Serienexemplaren in die Geschichte eingehen wird. Das Programm, nach der Bestellung eines einzigen Flugzeugs durch Royal Nepal Airlines gestartet, war mit dessen Auslieferung am 15. September 1988 bereits wieder beendet.

Die deutsche Ferienfluggesellschaft Condor war Erstkunde für die verlängerte 757-300. Anlässlich des 50. Geburtstags der Airline im Jahr 2006 wurde eines der Flugzeuge mit einer auffälligen Botschaft versehen, aus der hervorgehen soll, wie sehr Condor das Fliegen am Herzen liegt.

Dass werksneuen 757 auf dem Cargo-Markt kein allzu großer Erfolg beschieden war, lag allerdings weniger an einer womöglich zu geringen Leistungsfähigkeit als vielmehr an der nach wie beträchtlichen Zahl umgerüsteter 707 und DC-8. Vor allem die DC-8 der Super-70-Serie mit ihren modernen CFM56-2-Triebwerken und einem Hauptdeck-Cargovolumen von 252 Kubikmetern (gegenüber 187 m³ bei der 757-200F) stellte eine veritable Konkurrenz dar. Inzwischen sind die betagten Vierstrahler jedoch weitgehend von den Flughäfen dieser Welt verschwunden, und die 757 scheint ob ihres Rumpfquerschnitts der ideale Nachfolger. Bereits 1999 legte Boeing ein entsprechendes Umrüstprogramm auf, und ab März 2001 wurden die ersten Exemplare, vorrangig von British Airways ausgemusterte Flugzeuge, an den Expressdienst DHL übergeben. Andere Firmen sind Boeing gefolgt und haben eigene Konversionsprogramme aufgelegt, so dass in Zukunft noch weiteren ausgedienten Passagier-757 ein zweites Leben als Frachter bevorstehen dürfte.

Lang, länger, 757-300

Die 757-200 wurde in zwei unterschiedlichen Konfigurationen angeboten; entweder mit vier Türen auf jeder Seite – je zwei vor und hinter den Tragflächen – oder mit drei normalen Türen – zwei im vorderen Teil, eine im Heck – sowie zwei Notausstiegen über den Flügeln. Vier Türen und zwei Notausstiege waren dagegen das Kennzeichen der 757-300, die aber auch so leicht an ihrem um 7,11 Meter gestreckten Rumpf zu erkennen war. Damit war sie das längste im Werk Renton produzierte Modell – fast acht Meter länger als die 707-300. Dass das so ohne Weiteres möglich war, verdankte Boeing den Lehren, die das 757-Entwicklungsteam aus den Erfahrungen mit dem ersten Boeing-Passagierjet gezogen hatte. Anders als das Konkurrenzmuster DC-8 ließ sich die 707 aufgrund ihres niedrigen Fahrwerks nämlich nicht beliebig strecken. Deshalb erhielt schon die 757-200 längere „Beine" als aufgrund des Triebwerksdurchmessers erforderlich. Ein Entschluss, der sich am 2. September 1996 bezahlt machte, als Boeing auf hartnäckiges Drängen der deutschen Ferienfluggesellschaft Condor und nach einer Bestellung von zwölf Flugzeugen durch dieselbe das 757-300-Programm startete. Die Streckung wurde in diesem Fall nicht durch das Einfügen zusätzlicher Rumpfsegmente, sondern durch die Verlängerung je einer Sektion vor und hinter den Tragflächen erreicht. Abgesehen von den dadurch erforderlichen Verstärkungen an Struktur und Fahrwerk sowie einem Sporn, der das Aufsetzen des Hecks bei hohen Anstellwinkeln während des Starts verhindern sollte, blieben die Veränderungen gegenüber dem kleineren Schwestermodell auf das Nötigste

beschränkt. Erstkunde Condor hatte zwar für den Einbau eines zeitgemäßen Glascockpits analog zur dritten 737-Generation plädiert, doch dazu konnte sich Boeing nicht durchringen. Die einzigen Konzessionen an die inzwischen verfügbaren Neuerungen betrafen ein Vakuum-Toilettensystem, eine geänderte Deckenverkleidung und -beleuchtung sowie neue Gepäckfächer.

Trotz einer um 20 Prozent größeren Sitzplatzkapazität, einer Vergrößerung des Frachtvolumens um nahezu die Hälfte und etwa zehn Prozent niedrigerer Sitzkilometerkosten verglichen mit der 757-200 konnte Boeing nur 55 Exemplare der 757-300 verkaufen. Zwar bot das neue Muster die „Sitzmeilenkosten eines Großraumflugzeugs zum Narrowbody-Risiko, die Maschine zu füllen", wie Condor-Geschäftsführer Dr. Dietmar Kirchner anlässlich des Rollouts begeistert erklärte, doch weder unter den Charter- noch unter den Liniengesellschaften konnte Boeing genug Interesse wecken, um die angestrebte Zahl von etwa 400 Verkäufen zu erreichen.

Die Befürchtung, dass ein derart langes Flugzeug mit nur einem Mittelgang höhere Bodenstandzeiten nach sich ziehen würde, mag dabei eine Rolle gespielt haben. Aber die Karriere der 757 neigte sich Anfang des 21. Jahrhunderts auch so erkennbar ihrem Ende entgegen. Konkurrenz machte ihr nicht nur der jüngere Airbus A321, sondern auch die hauseigene 737-900, die hinsichtlich Reichweite und Passagierkapazität fast mit der 757-200 gleichgezogen hatte. Zudem lag ihr Verkaufspreis dank niedrigerer Fertigungskosten um mehr als acht Millionen Dollar niedriger.

Im Oktober 2003 gab Boeing die Einstellung des Programms bekannt, und mit der Auslieferung des 1.050. und letzten Exemplars endete am 28. April 2005 die 23-jährige Produktionszeit der 757.

Der Expressdienst UPS ist der größte Betreiber werksneuer 757-Frachter und setzt das Muster unter anderem nach La Paz in Bolivien ein.

757-Zeitreise	
31.08.1978	Erste Bestellungen durch British Airways und Eastern
13.01.1982	Rollout der 757-200
19.02.1982	Erstflug der 757-200
21.12.1982	Zulassung der 757-200
22.12.1982	Erste Auslieferung der 757-200
13.08.1987	Erstflug der 757-200F
17.09.1987	Erste Auslieferung der 757-200F
15.07.1988	Erstflug der 757-300M
15.09.1988	Erste (und letzte) Auslieferung der 757-200M
02.08.1998	Erstflug der 757-300
10.03.1999	Erste Auslieferung der 757-300
27.04.2005	Letzte Auslieferung einer 757-200

767 – Auf dem Nordatlantik zu Hause

Die Boeing 767 revolutionierte den Transatlantikverkehr, denn sie ermöglichte Nonstop-Flüge auch zwischen Städten, auf denen das Passagieraufkommen für einen Jumbo oder eine DC-10 zu gering war.

Seite 104/105: Die noch junge
Fluggesellschaft Etihad aus dem
Emirat Abu Dhabi setzt unter
anderem 767-300ER ein.
Nicht alle 767-300 verfügen über je
eine Tür an Bug und Heck sowie
zwei Notausgänge über den
Tragflächen, wie bei diesem
Flugzeug zu sehen. Je nach
Passagierkapazität können noch
weitere Türen hinzukommen, die
auf die Evakuierung einer größeren
Zahl von Fluggästen ausgelegt sind
als die kleinen Notausstiege.

Die Entscheidung über die
endgültige Auslegung der 767 fiel
sehr spät. Lange Zeit hatte eine
dreistrahlige Lösung zur Debatte
gestanden, und das T-Leitwerk
wurde erst kurz vor dem
Programmstart durch eine
konventionelle Lösung ersetzt.

Wie das vorangegangene Kapitel gezeigt hat, dauerte es eine ganze Weile und erforderte viele Entwicklungsstufen, ehe aus der dreistrahligen 727-300B mit T-Leitwerk schließlich die von zwei Motoren angetriebene und mit einem konventionellen Leitwerk versehene 757-200 wurde. Dennoch verlief dieses Vorhaben geradezu geradlinig und unkompliziert im Vergleich zu dem holprigen Weg, den Boeing bis zur Festlegung der endgültigen 767-Konfiguration einschlagen sollte. Das lag zum einen an der schwierigen Frage, ob drei Triebwerke wie bei den deutlich größeren DC-10 und L-1011 oder zwei Triebwerke, wie von den Europäern für die noch immer größere A300 gewählt, die geeignete Wahl darstellten, zum anderen an der Suche nach dem richtigen Rumpfquerschnitt. Beide Entscheidungen lassen sich im Laufe eines Flugzeugprogramms praktisch nicht revidieren und sind in großem Maße ausschlaggebend für Erfolg- oder Misserfolg eines Musters. Folglich waren unter den etwa 240 Entwürfen, die bis zum offiziellen Programmstart im Jahr 1978 untersucht wurden, solche mit zwei, drei oder sogar vier Triebwerken, mit unter und über den Flügeln installierten Motoren, mit T-Leitwerk und ohne sowie mit den verschiedensten Rumpfdurchmessern, die die Unterbringung von sechs, sieben oder acht Sitzen pro Reihe gestatteten. Das einzige, was all die Jahre weitgehend unverändert blieb, war die Passagierkapazität, die bei einer gemischten Bestuhlung etwa bei 200 lag.

Ebenso wie die 757 entstand auch ihre größere und vier Monate früher erstmals ausgelieferte Cousine 767 aus der Erkenntnis heraus, dass der Markt Mitte bis Ende der siebziger Jahre nach moderneren, leiseren und sparsameren Flugzeugen als Ablösung einerseits für die 727 und andererseits für 707 und DC-8 verlangen würde. Doch während Boeing bei der 7N7, aus der letztlich die 757 hervorgehen sollte, immerhin noch auf den Rumpf der 727 zurückgreifen konnte, gab es für die 7X7, die Ausgangspunkt der späteren 767 war, keinerlei Vorbilder. Das Flugzeug sollte größer sein als die 707, aber kleiner als die anderen Großraumflugzeuge jener Zeit – 747, DC-10, L-1011, A300. Darüber hinaus waren die Vorstellungen noch sehr vage, was auch in einer Bemerkung des damaligen Boeing-Chairmans Thornton „T" Arnold Wilson im Jahresbericht 1972 deutlich wird: „Wir untersuchen neue Flugzeugtypen, die dank der Verwendung fortschrittlicher Technologien den Luftverkehr effizienter und attraktiver machen werden. Wir haben ein Entwicklungsprojekt mit der Bezeichnung 7X7 eingerichtet, das sich mit einer möglichen neuen Boeing-Flugzeugfamilie befassen wird."

Trotz des gewählten Namens, der das geplante Flugzeug eindeutig als ein Boeing-Produkt identifizierte, wollte der US-Hersteller das Vorhaben nicht allein in Angriff nehmen. Schon 1971 hatte Boeing gemeinsam mit Aeritalia zunächst an einem Kurzstreckenflugzeug mit Kurzstart- und -landeeigenschaften (STOL, „short take-off and landing") und dann an einem weiteren Kurzstreckenflugzeug mit der Bezeichnung QSH gearbeitet, die aber beide nicht realisiert wurden. Statt dessen wollte das italienische Staatsunternehmen nun mit Boeing bei der 7X7 zusammenarbeiten. Diese Kooperation, die 1978 in einer Beteiligung der Italiener als Risikopartner am 767-Programm mündete, und eine vergleichbare Zusammenarbeit mit der japanischen Luftfahrtindustrie waren für Boeing gleich in mehrfacher Hinsicht von Vorteil: Einerseits verteilten sich die Entwicklungskosten auf mehrere Schultern, andererseits waren die zu jener Zeit größtenteils noch staatlichen Fluggesellschaften der jeweiligen Partnerländer zumindest gehalten, dem Produkt mit nationaler Beteiligung den Vorzug zu geben. Und schließlich verhinderte die Einbindung von Aeritalia – heute unter dem Namen Alenia Teil der Finmeccanica-Gruppe – einen Anschluss der Italiener an das Airbus-Konsortium.

Erste Entwürfe

Eine allererste Idee, wie die künftige 767 einmal aussehen könnte, hatte bereits vor Einsetzung der 7X7-Arbeits-

gruppe eine Studie geliefert, mit der Boeing auf die Forderung der Swissair nach einem Flugzeug für europäische Kurzstrecken mit hohem Passagieraufkommen reagierte. Die kostengünstigste Lösung schien eine Weiterentwicklung der 727 mit einem Großraum-Rumpf zu sein. Zwar kamen die Amerikaner nicht zum Zug und die Schweizer Fluggesellschaft kaufte statt dessen Jahre später den speziell auf ihre Anforderungen (und die der Lufthansa) zugeschnittenen Airbus A310, doch der Querschnitt des Rumpfs, den Boeing zumindest auf dem Papier mit einem 727-Cockpit verbunden hatte, kam dem der späteren 767 schon recht nahe.

Frühe 7X7-Studien wiesen noch Elemente des QSH-Projekts auf, beispielsweise die zur Verringerung der Lärmbelastung (und zur Erhöhung des Auftriebs durch Anblasen der Klappen) auf den Flügeln montierten Triebwerke. Ein vergleichbares Konzept realisierte Boeing Mitte der siebziger Jahre beim Transportflugzeug-Prototypen YC-14. Zu diesem Zeitpunkt waren die Antriebe bei der 7X7 allerdings längst unter die Tragflächen gewandert, denn bedingt durch die Ölkrise hatte ein geringer Treibstoffverbrauch die Lärmproblematik von Platz eins der Prioritätenliste verdrängt. Alle anderen Fragen blieben jedoch lange Zeit ungeklärt, zumal sich die von den hohen Treibstoffpreisen und einer Rezession gebeutelten US-Fluggesellschaften (an deren Bedürfnissen Boeing sich bei der 7X7 vorrangig orientierte) nicht entscheiden konnten, welches Flugzeug ihren zukünftigen Anforderungen am besten gerecht wurde. 1973 konzentrierte sich Boeing auf ein zweistrahliges Modell für Kurz- und Mittel-

strecken und eine Variante mit drei Triebwerken für Langstreckenverbindungen, auf der Pariser Luftfahrtausstellung zwei Jahre später präsentierte der Hersteller dagegen zwei Versionen mit jeweils drei Motoren – die es in der benötigten Schubklasse zu jener Zeit allerdings noch gar nicht gab. Zur Diskussion standen neben dem von Pratt & Whitney bereits für die 7N7 vorgeschlagenen JT10D (aus dem später das PW2000 hervorging) und einer CF6-Weiterentwicklung von General Electric auch das neue CFM56 von General Electric und Snecma.

Für eine zweistrahlige Variante wären die auch bei der 747 eingesetzten JT9D (Pratt & Whitney), CF6 (General Electric) und RB211 (Rolls-Royce) verfügbar gewesen, allerdings wurde diese Lösung wohl nur mit Rücksicht auf die von Airbus geplante A310 weiter verfolgt. Das 7X7-Team favorisierte nämlich eindeutig das dreimotorige Konzept – jedenfalls bis zu einer sehr emotional geführten Programmbesprechung im Jahr 1976. Bei dieser Gelegenheit machten die Boeing-Veteranen Ed Wells und George Schairer den Entwicklungsingenieuren um den ja nun auch nicht gerade unerfahrenen Jack Steiner unmissverständlich klar, dass sie auf das falsche Pferd setzten. Die drastisch gestiegenen Treibstoffkosten und die gesteigerte Zuverlässigkeit moderner Triebwerke mussten zu einem Flugzeug mit nur zwei Motoren führen. Zudem war die 7X7 ja ursprünglich für den transkontinentalen Einsatz innerhalb der USA vorgesehen, sodass sich die Frage nach der Erreichbarkeit eines Ausweichflughafens beim Ausfall eines Triebwerks zu diesem Zeitpunkt (noch) nicht stellte.

Eine Boeing 767-200 der Ansett Australia bei der Landung in Sydney. Als einzige Fluggesellschaft flog Ansett die 767 anfänglich mit einer dreiköpfigen Cockpitcrew.

Thornton („T") Arnold Wilson

Thornton Wilson, von Freunden und Kollegen nur „T" genannt, fing 1943 als Ingenieur bei Boeing an und war unter anderem an der Entwicklung des B-47-Bombers beteiligt. 1968 wurde er zum President und ein Jahr später zum Chief Executive Officer ernannt, ehe er 1972 auch noch das Amt des Chairman übernahm. Der 1921 geborene Wilson trat 1987 in den Ruhestand und starb 1999 im Alter von 78 Jahren.

Start einer Boeing 767-300ER der LAN auf dem Flughafen von Santiago de Chile.

Rückblickend kann es kaum Zweifel geben, dass es diese Entscheidung war, die der 767 zu ihrem großen Erfolg verhalf. Allerdings war die dreistrahlige Lösung damit noch lange nicht vom Tisch. Selbst nach dem Programmstart im Juli 1978 blieb sie – zunächst als 767MR/LR, dann als 777 – für Interkontinentalstrecken im Gespräch, ehe die Pläne schließlich zugunsten der 767-200ER endgültig in den Schubladen verschwanden.

Sieben oder acht Sitze?

Ähnlich schwer taten sich Hersteller und potentielle Kunden mit anderen grundlegenden Beschlüssen, beispielsweise der Wahl der Leitwerksform und der Festlegung des Rumpfquerschnitts. Klar war eigentlich nur, dass das Flugzeug über zwei Gänge verfügen sollte. Die Beförderung von Fracht spielte bei den Überlegungen keine große Rolle, was sich im Nachhinein in sofern als nachteilig herausstellte, als der Standard-Luftfrachtcontainer des Typs LD3, der im Unterflurbereich von 747, DC-10, MD-11 und allen Airbus-Großraumflugzeugen befördert werden konnte, für die 767 zu groß war, was die Verwendungsmöglichkeiten des Musters als Frachter deutlich einschränkte. Letztendlich war dann die Anzahl der Sitze pro Reihe ausschlaggebend für die Wahl des Rumpfdurchmessers. Der betrug zwischenzeitlich bis zu 5,38 Meter, wurde aber schließlich 1977 auf 5,03 Meter reduziert. Das gestattete Charterairlines die Installation von acht Sitzen in jeder Reihe, während in der Economy Class einer Linienfluggesellschaft jeweils sieben Passagiere nebeneinander sitzen würden. Der Vorteil dieser 2-3-2-Auslegung: Erst bei einer Auslastung von deutlich über 80 Prozent würden die ungeliebten Mittelplätze vergeben werden müssen. Durch den schmaleren Querschnitt fiel zudem jener Bereich, in dem sich der Rumpf zum Heck hin verjüngte, kürzer aus, was eine größere Flexibilität bei der Kabinenauslegung mit sich brachte.

Die Entscheidung zwischen einem konventionellen und einem T-Leitwerk fiel dagegen buchstäblich in allerletzter Sekunde. Leistungsaspekte spielten dabei keine Rolle – in dieser Hinsicht waren beide Konzepte gleich gut. Ein am Rumpf angebrachtes Höhenleitwerk war allerdings bei Wartungsarbeiten leichter zugänglich und führte zudem bei gleicher Passagierkapazität zu einer kürzeren Gesamtlänge des Flugzeugs, was sich wiederum bei der benötigten Abstellfläche auf den Flughäfen positiv bemerkbar machte.

Anders als die für hohe Geschwindigkeiten konzipierte 727 erhielten 757 und 767 vergleichsweise große Tragflächen. Boeing hatte während der 767-Entwicklung die unterschiedlichsten Pfeilungen ausprobiert, von geringen 22 Grad bis hin zu extrem schnittigen 33 Grad, entschied sich aber letzten Endes für einen um 31,5 Grad gepfeilten Flügel. Der hielt dank großer Spannweite und Profildicke nicht nur Reserven für künftige schwerere und gestreckte Modelle bereit, sondern war auch bestens für Langstreckenflüge geeignet. Airbus hatte die A310-Tragflächen hingegen für die Europa-Streckennetze von Lufthansa und Swissair optimiert und büßte dafür später mit geringeren Verkaufszahlen, weil das Flugzeug nicht so vielfältig einsetzbar war wie die 767.

Erste Kunden

Im Februar 1978 wurde aus der 7X7 offiziell die 767, und inzwischen hatten sich die US-amerikanischen Airlines wirtschaftlich auch soweit erholt, dass sie wieder an Flugzeugbestellungen denken konnten. Den Anfang machte United. Am 14. Juli 1978 gab die Fluggesellschaft bekannt, 30 Boeing 767-200 erwerben zu wollen, und wählte gleichzeitig das JT9D von Pratt & Whitney als Antrieb aus. Noch im November desselben Jahres folgten American Airlines und Delta Air Lines mit zusammen 50 Bestellungen, ebenfalls für die 767-200. Das Interesse an der kleineren Version -100 mit etwa 175 Sitzplätzen ging dagegen gegen null, sicherlich bedingt durch die zu große Nähe zur 757-200, und das Modell wurde schließlich wieder eingestampft. American und Delta entschieden sich für CF6-80A-Triebwerke von General Electric, so dass zum ersten Mal ein Boeing-Flugzeug gleich von Anfang an mit zwei unterschiedlichen Motorvarianten erhältlich war.

Am 6. Juli 1979 nahm Boeing die Produktion von 767-Komponenten auf, am 8. April 1981 begann die Endmontage im Werk Everett, das dafür zunächst einmal um nahezu 50 Prozent vergrößert werden musste. Keine vier Wochen später präsentierte sich die erste 767-200, in den Boeing-Hausfarben lackiert, der Öffentlichkeit, und am 26. September hob der Prototyp mit Tommy Edmonds, Lew Wallick und John Brit im Cockpit zu seinem 124-minütigen Jungfernflug ab. Normalerweise sollte ein Flugzeug zu diesem Zeitpunkt komplett entwickelt sein, schließlich hatte die Fertigung der nachfolgenden Serienexemplare längst begonnen. Doch der 767 stand eine der einschneidendsten Veränderungen bevor, die man sich bei einem Flugzeug denken kann: die Umrüstung von einem Drei-Mann- zu einem Zwei-Mann-Cockpit. Boeing hatte von Anfang an geplant, bei 757 und 767 auf einen Flugingenieur zu verzichten. Digitale Bordelektronik und die neuen farbigen Bildschirme gestatteten es, viele bisher vom dritten Mann im Cockpit durchgeführte Arbeiten zu automatisieren beziehungsweise den Piloten zu übertragen. Deren Arbeitsbelastung wiederum konnte erheblich

767-Zeitreise	
14.07.1978	Erste Bestellung durch United Airlines
26.09.1981	Erstflug der 767-200
30.07.1982	Zulassung der 767-200
19.08.1982	Erste Auslieferung der 767-200
06.03.1984	Erstflug der 767-200ER
30.01.1986	Erstflug der 767-300
25.09.1986	Erste Auslieferung der 767-300
09.12.1986	Erstflug der 767-300ER
19.02.1988	Erste Auslieferung der 767-300ER
20.06.1995	Erstflug der 767-300F
09.10.1999	Erstflug der 767-400ER

Die Königin des Nordatlantiks: Die 767 – hier ein Exemplar der Version 200ER auf dem Flughafen Venedig – dominierte viele Jahre den Flugverkehr zwischen Nordamerika und Europa.

Für die 767-400ER nahm Boeing umfassende Veränderungen am 767-Entwurf vor, zu deren auffälligsten die zurückgepfeilten Flügelspitzen gehörten. Allerdings war der Entwurf viel zu sehr auf die Bedürfnisse der beiden US-Fluggesellschaften Delta und Continental ausgerichtet, um ernsthaft mit der A330-200 konkurrieren zu können.

reduziert werden dank des Flight Management Systems (FMS), das typische Aufgaben wie die Navigation und die Berechnung von Leistungsparametern sowie – in Verbindung mit dem Autopiloten – die Flugdurchführung erheblich vereinfachte. Informationen über die Bordsysteme mussten nun nicht mehr auf einer großen Tafel vor dem Bordingenieur dargestellt, sondern konnten je nach Bedarf auf den beiden zentralen Bildschirmen des EICAS („engine indication and crew alerting systems" – Triebwerksüberwachungs- und Besatzungswarnsystem) angezeigt werden. Im unmittelbaren Blickfeld der Piloten wiederum befanden sich je zwei Bildschirme zur elektronischen Darstellung der wichtigsten Fluglage- und Navigationsinformationen.

Obwohl der Hersteller überzeugt war, dass die 767 ebenso gut von einer zweiköpfigen wie von einer dreiköpfigen Besatzung geflogen werden konnte, wenn nicht sogar besser, erhielt das neue Muster einen Arbeitsplatz für den Flugingenieur, nicht zuletzt auf Drängen des Erstkunden United beziehungsweise dessen Piloten. Doch als eine von der US-Regierung eingesetzte Arbeitsgruppe im Juli 1981 zu dem Schluss kam, dass ein Zwei-Mann-Betrieb als sicher gelten konnte, entschied Boeing kurz vor dem Erstflug, die Fertigung umzustellen und bereits produzierte Flugzeuge nachträglich umzurüsten. Am 27. Mai 1982 startete die erste 767 mit dem Zwei-Mann-Cockpit, das künftig Standard sein sollte. Oder besser gesagt, fast: Ansett Australia übernahm 1983 fünf Boeing 767, die anfänglich von einer dreiköpfigen Besatzung geflogen, später allerdings doch umgerüstet wurden.

Neue Versionen

Nach der FAA-Zulassung am 30. Juli 1982 nahm die 767 am 8. September desselben Jahres bei United mit einem Flug von Chicago nach Denver den Liniendienst auf. Ebenso wie ihre kleinere Cousine 757 kam die 767 aber zu einem ungünstigen Zeitpunkt auf den Markt, und nach den anfänglichen Großaufträgen gingen weitere Bestellungen nur sehr zögerlich ein. Erst Mitte der achtziger Jahre zog das Geschäft spürbar an, vor allem nachdem mit weiteren Versionen ganz neue Märkte erschlossen werden konnten. Die 767 verfügte nämlich nicht nur über einen großzügig dimensionierten Flügel, sondern auch über eine Struktur, die eine nicht unerhebliche Erhöhung des maximalen Abfluggewichts zuließ. Mit der 767-200ER („Extended Range"), die ab März 1984 ausgeliefert wurde, stieg es auf zunächst 152, dann auf 156 und schließlich auf bis zu 179 Tonnen (nun allerdings mit CF6-80C2- beziehungsweise PW4000-Triebwerken), wobei sich die Reichweite dank zusätzlicher Tanks im Flügelmittelstück von anfänglich gut 6.000 auf über 12.000 Kilometer erhöhte. Bereits am 27. März 1984 hatte El Al den ersten kommerziellen Nonstop-Transatlantikflug mit einer 767 durchgeführt, und ein gutes Jahr später erteilte die FAA die Erlaubnis für 120-Minuten-ETOPS-Flüge (Extended-Range Twin-Engine Operations). Damit durfte das zweistrahlige Flugzeug auch Routen nutzen, bei denen ein Ausweichflughafen bis zu zwei Stunden Flugzeit entfernt lag. 1989 wurde diese Regelung sogar auf 180 Minuten ausgedehnt. Die 767, die ursprünglich für den transkontinentale Verbindungen innerhalb der USA entwickelt worden war, wurde nun vermehrt über den Nordatlantik eingesetzt. Die Reichweite und die günstigen Betriebskosten der 767 machten auf einmal Nonstopflüge zwischen Städten möglich, die zuvor mangels Passagieraufkommen nicht einmal im Traum an Langstrecken-Anbindung hätten denken dürfen. Die 767 wurde schließlich bei vielen Airlines erste Wahl für Flüge zwischen Europa und Nordamerika, was ihr den Titel „Königin des Nordatlantiks" einbrachte.

Bereits kurz nach der Indienststellung der ersten 767-200 hatte Boeing die verlängerte 767-300 angekündigt, von der Japan Airlines im September des Jahres sechs Exemplare bestellte. In dem um 3,07 Meter vor und 3,35 Meter hinter dem Flügel verlängerten Rumpf fanden nun gut 260 Passagiere bei einer Zwei-Klassen-Bestuhlung Platz.

Der 767-300 folgte schon bald die -300ER mit auf fast 187 Tonnen gesteigertem Abfluggewicht und größerer Reichweite. Die neue Version war nicht nur mit Triebwerken von General Electric und Pratt & Whitney, sondern auch mit dem RB211-524 von Rolls-Royce erhältlich, eine Option, von der allerdings nur British Airways und China Eastern Gebrauch machten.

Die 767-300ER diente zudem als Ausgangsbasis für den 767-Frachter. Das Programm wurde im Januar 1993 nach einer Bestellung von 30 Exemplaren und der Zeichnung von weiteren 30 Optionen durch den Expressdienst UPS gestartet. Das Hauptdeck, das über ein 3,18 Meter mal 2,34 Meter großes Tor auf der linken Rumpfvorderseite be- und entladen werden konnte, bot bis zu 24 Paletten Platz, im Unterflurbereich konnten zusätzlich 30 LD2-Container untergebracht werden. Die insgesamt 32 an UPS ausgelieferten 767-300F waren entsprechend den Bedürfnissen des Kurierdienstes ohne Frachtladesystem und ohne Bordküche geliefert worden, doch Boeing bot den 767-Frachter – mit allerdings nur begrenztem Erfolg – auch mit den üblicherweise bei einem Cargo-Flugzeug vorhandenen Komponenten an.

Der Nischenflieger

Als Delta Air Lines und Continental Airlines Mitte der neunziger Jahre nach Ersatz für ihre zwar bewährten, aber nicht mehr zeitgemäßen Lockheed TriStar und McDonnell Douglas DC-10 auf transkontinentalen und interkontinentalen Routen suchten, offerierte Boeing mit der 767-400ER eine abermals um etwa 6,40 Meter gestreckte Variante. Anders als bei der 757-300, die wenig mehr als eine verlängerte -200 darstellte, nahm der Hersteller bei der neuen 767-Variante umfassende Veränderungen vor. Die betrafen beispielsweise das Cockpit, das sich an den Flugdecks von 777 sowie dritter 737-Generation orientierte und mit sechs großen Flüssigkristallbildschirmen

ausgestattet wurde, die so programmiert werden konnten, dass sie bei Bedarf die Instrumentenanordnung der 767-200/300 darstellten. Die Kabine wurde mit 777-Elementen aufgewertet, und die Tragflächen wurden mittels zurückgepfeilter Flügelspitzen („Raked Wingtips") um gut zwei Meter auf jeder Seite verlängert. Ein Sporn am Heck sollte den verlängerten Rumpf vor Beschädigungen bei Starts mit hohem Anstellwinkel schützen.

Gemessen an dem betriebenen Aufwand war der Ertrag gering. Letztlich wurden sogar weniger Flugzeuge produziert, als ursprünglich bestellt worden waren, was vor allem daran lag, dass das Muster zu sehr auf die Anforderungen von Delta ausgelegt war und über eine zu geringe Reichweite verfügte, um ernsthaft als Konkurrent der zunehmend erfolgreicheren A330-200 in Frage zu kommen. Für eine geplante 767-400ERX (eine „normale" 767-400 hatte es nie gegeben) mit der Reichweite der -300ER, die dieses Manko behoben hätte, ging einzig eine Order von Kenya Airlines über drei Exemplare ein. Nachdem die Fluggesellschaft den Auftrag in eine Bestellung für 777 umgewandelt hatte, wurde das Vorhaben komplett eingestellt.

Diese Schicksal drohte spätestens mit Vorstellung der 787-Familie der kompletten Baureihe, zumal die A330-200 Ende der neunziger Jahre begonnen hatte, der 767 ihr angestammtes Geschäft beispielsweise bei den europäischen Ferienfluggesellschaften (zu den Betreibern des Boeing-Jets gehörten unter anderem Condor, LTU und Lauda Air) streitig zu machen. Bei Drucklegung dieses Buches war Boeing jedoch zuversichtlich, die Fertigungslinie mit zivilen Bestellungen so lange aufrecht erhalten zu können, bis der erhoffte Auftrag der US-Luftwaffe für eine militärische Version der 767 als Ablösung der betagten KC-135-Tankflugzeuge eintraf.

Wie ihre Vorgängerin 707 diente auch die 767 als Basis für eine Reihe militärischer Entwicklungen. Bei den japanischen Streitkräften beispielsweise werden vier 767 AWACS für die Luftraumüberwachung eingesetzt.

Asiana aus Taiwan gehört zu den wenigen Betreibern des 767-Frachters.

777 – Mit zwei Triebwerken um die halbe Welt

Konzipiert, um DC-10 und L-1011 abzulösen sowie die Lücke zwischen 767 und 747 zu füllen, hat sich die „Triple Seven" zu einem absoluten Verkaufsrenner entwickelt. Inzwischen hat das Flugzeug Aufgaben übernommen, an die anfangs noch niemand gedacht hatte.

Der Erstflug der 777-200 am 12. Juni 1994 war Auftakt für ein umfangreiches Testprogramm, in dessen Rahmen neun Flugzeuge mehr als 4.900 Flüge absolvierten.

Frank Shrontz

Der 1931 geborene Shrontz trat 1958 nach einem Jura-Studium bei Boeing ein. Nachdem er zuvor den Unternehmensbereich 707/727/737 und schließlich die Boeing Commercial Airplane Company geleitet hatte, wurde er im Februar 1985 zum President von Boeing ernannt. 1986 beziehungsweise 1988 übernahm er auch die Posten des Chief Executive Officer und des Chairman, die er bis 1996 respektive 1997 innehatte.

Seite 112/113: Eine 777-300 von Singapore Airlines beim Start auf dem Flughafen Singapur-Changi. Die Fluggesellschaft aus dem südostasiatischen Stadtstaat ist derzeit der größte „Triple Seven"-Betreiber.

Alan Mulally hätte sich vermutlich lieber strahlenden Sonnenschein gewünscht an diesem 12. Juni 1994. Andererseits arbeitete er schon lange genug für Boeing, um zu wissen, dass das Wetter im Nordwesten der Vereinigten Staaten seinen eigenen Gesetzen gehorcht. Schließlich heißt es in und um Seattle nicht umsonst: Wenn man den Mount Rainier sehen kann, wird es bald regnen. Wenn man ihn nicht sehen kann, regnet es schon. Und so musste der Leiter des 777-Programms an dem Tag, an dem „sein" Flugzeug zum ersten Mal den sicheren Boden verlassen sollte, eben mit einem wolkenverhangenen Himmel und gelegentlichen Regenschauern vorlieb nehmen.

Für John Cashman und Ken Higgins, die beiden Piloten des Jungfernflugs, war das trübe Wetter nur insofern von Bedeutung, als sich der Start wegen des zu starken Rückenwinds um eine Dreiviertelstunde verzögerte. Während des Fluges dann hätten sie auch bei besserer Sicht nur wenig Zeit gehabt, die unter ihnen liegende Landschaft zu bewundern. Schließlich galt es, ein umfassendes Programm abzuarbeiten. Fast vier Stunden blieb WA001, so die Boeing-interne Bezeichnung für die erste 777, in der Luft, und sie überraschte ihre Piloten vor allem damit, dass es keine großen Überraschungen gab. Im Gegenteil: Der Erstflug verlief so problemlos, dass es Cashman und Higgins sogar wagten, ein Triebwerk abzustellen und anschließend wieder anzulassen. Das würde man bei einem vierstrahligen Flugzeug vermutlich jederzeit ohne Bedenken tun, aber wenn man nur über zwei Triebwerke verfügte, die zudem in einer bis dato in der Luftfahrt noch niemals verwendeten Schubkategorie angesiedelt waren, musste man schon sehr überzeugt sein von der Zuverlässigkeit des Fluggeräts ...

Größer als die 767, kleiner als die 747

Mitte der achtziger Jahre neigten sich die Karrieren von DC-10 und L-1011 so langsam ihrem jeweiligen Ende zu, und die Fluggesellschaften, die die beiden Muster auf ihren Transkontinental- und Interkontinentalverbindungen eingesetzt hatten, mussten sich Gedanken über eine Ablösung machen. McDonnell Douglas arbeitete an der MD-11, und bei Airbus entstanden A330 und A340. Boeing war anfangs der Auffassung, dass auch eine weiterentwickelte 767 diese Aufgabe würde übernehmen können, und begann 1986 mit entsprechenden Studien. Allein – die Airlines konnten sich mit keinem der vorgestellten Entwürfe so recht anfreunden. Mal stimmte die Reichweite, dafür war die Passagierzahl zu gering, beim nächsten Vorschlag lag die Sitzplatzkapazität im gewünschten Bereich, dafür flog das Flugzeug nicht weit genug. Dann wiederum war den potentiellen Kunden der Flügel zu klein oder der Rumpf zu lang. Letzteres war allerdings unvermeidlich, wollte man eine der DC-10 vergleichbare Zahl von Sitzen in den schmaleren Rumpf der 767 packen. Ein kurzzeitig angedachter Lösungsvorschlag für dieses Problem zeigt, wie verzweifelt die Boeing-Ingenieure zu jener Zeit gewesen sein müssen. Es wurde nämlich ernsthaft erwogen, einen Teil der Sitze in einem Buckel unterzubringen. Nur sollte der nicht wie bei der 747 vorne, sondern statt dessen am Heck sitzen. Der 787-Programmleiter Mike Bair nannte die für den Transport von Dreamliner-Baugruppen vorgesehene 747-400LCF ob ihres unförmigen Rumpfs „das hässlichste Flugzeug, das ich je gesehen habe". Man kann vermutlich mit Fug und Recht feststellen, dass die bucklige 767-Variante einen mindestens ebenso großen Anspruch auf diesen Titel gehabt hätte.

Es wurde immer offensichtlicher, dass die 767 als Ausgangsbasis für eine DC-10-Ablösung nicht in Frage kam, wollte man nicht gegenüber McDonnell Douglas und Airbus ins Hintertreffen geraten. Allerdings sollte einige Zeit vergehen, bis sich diese Erkenntnis überall durchsetzte, wie Alan Mulally später zugab: „Die Fluggesellschaften aus aller Welt sagten uns, dass sie ein Flugzeug wünschten, das größer war als die 767 und kleiner als die 747. Und wir sagten: ,Warum kauft ihr keine 767?', worauf sie antworteten: ,Wir wollen ein Flugzeug, das größer ist als die 767 und kleiner als die 747, denn auf einigen unserer Städteverbindungen haben wir nicht genug Passagiere, um die 747 zu füllen, aber zu viele für die 767.' Wir haben zwei Jahre gebraucht um herauszufinden, dass sie wirklich ein Flugzeug wollten, das größer war als die '67 und kleiner als die '47. Also beschlossen wir, ein neues Flugzeug zu bauen."

„Working together"

Das trug zu diesem Zeitpunkt, Ende 1988, zwar noch immer die vorläufige Bezeichnung 767-X, sah aber grundlegend anders aus. Allerdings würde das neue Modell erst einige Zeit nach den Konkurrenzprodukten auf den Markt kommen. Die MD-11 sollte bereits 1990 ausgeliefert werden, die A340 drei Jahre später. Es war also von großer Wichtigkeit, die exakten Vorstellungen der Kunden zu ermitteln, um den zeitlichen Rückstand womöglich in einen Vorteil zu verwandeln, indem man ein überlegenes Produkt entwickelte. Unter dem Stichwort „Working together" lud Boeing Vertreter von All Nippon Airways (ANA), American Airlines, British Airways, Cathay Pacific, Delta Air Lines, Japan Airlines (JAL), Qantas und United Airlines ein, sich an der Definition des neuen Flugzeugs zu beteiligen. Phil Condit, erster Leiter des 777-Programms und später President und Chairman von Boeing, zitierte in diesem Zusammenhang einmal eine befreundete Lehrerin mit den Worten: „Niemand ist so schlau wie wir alle zusammen". Aus dieser Erkenntnis heraus initiierte der Hersteller die regelmäßigen Treffen der „Achterbande", von denen er sich wichtige Anregungen erhoffte. Naturgemäß war es nicht ganz einfach, die Wünsche von acht derart unterschiedlichen Gesellschaften unter einen Hut zu bringen, auch wenn einer der Airline-Vertreter die Anforderungen auf einen simplen Nenner brachte: „Baut uns einfach ein Flugzeug mit der kleinstmöglichen Besatzung, mit der geringstmöglichen Zahl an Triebwerken, mit minimalen Betriebskosten und dem kleinsten Preis."

Die frühzeitige Einbindung der Airlines sollte sich bezahlt machen, nicht nur weil alle acht schließlich die 777 bestellten. Die Beratergruppe war auch maßgeblich an einer Reihe grundlegender Entscheidungen beteiligt,

beispielsweise an der Frage der Cockpitauslegung. Die 777 war als 767-Derivat gestartet, und die Bugsektion beider Flugzeuge ist in der Tat nahezu identisch. Da schien die Versuchung groß, das bewährte und zu seiner Zeit hochmoderne Flugdeck der 767 so weit wie möglich beizubehalten, speziell angesichts der Schwierigkeiten, auf die Boeing bei der Entwicklung des 747-400-Cockpits gestoßen war. Doch das war den Fluggesellschaften gar nicht recht, und als die Frage schließlich zur Abstimmung gestellt wurde, votierten sie einstimmig für eine moderne Lösung. Auch das Beibehalten der traditionellen Steuersäule, auf die angesichts der elektronischen Flugsteuerung („fly by wire") problemlos hätte verzichtet werden können, ging auf das Airline-Komitee und dabei vor allem auf United Airlines zurück. Auf einen Vorschlag allerdings hätte Boeing im Nachhinein gut verzichten können: American Airlines hegte die Befürchtung, dass die 777 ob ihrer Spannweite von fast 61 Metern (gegenüber knapp 48 Metern bei der 767 und gut 50 Metern bei der DC-10) zu groß für die vorhanden Terminalstellplätze sein würde, und regte daher die Entwicklung von klappbaren Außenflügeln an. Der Wunsch war Boeing Befehl, und American Airlines kaufte schließlich die 777 – allerdings ohne den Klappmechanismus, der auch von keiner anderen Fluggesellschaft geordert wurde. Die „Triple Seven", wie Boeings neuester Jet angesichts der auffälligen Zahlenfolge seiner Bezeichnung schnell genannt wurde, war schließlich nicht das einzige neue Flugzeug mit großer Spannweite. Die Tragflächen der A340 beispielsweise reichten ähnlich weit nach außen, und wie die A380 wieder gezeigt

Alan Mulally, heute President von Boeing Commercial Airplanes, war als Vice President und General Manager für Entwicklung und Bau der „Triple Seven" verantwortlich.

Meistens zahlt es sich aus, auf die Kunden zu hören – manchmal kostet es aber auch einfach nur Geld. American Airlines wünschte sich für die 777 hochklappbare Außenflügel, damit das Flugzeug auch auf schmaleren Parkpositionen Platz fand. Also wurde ein Klappmechanismus entwickelt – und dann nie bestellt.

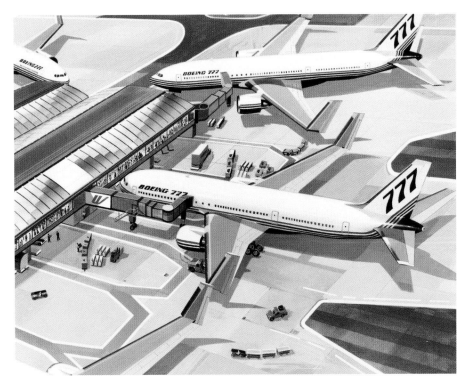

Die riesigen Dimensionen der „Triple Seven"-Antriebe werden auf dieser Aufnahme einer 777-200 von Emirates Airline besonders deutlich. Sie ist mit Trent-800-Triebwerken von Rolls-Royce ausgerüstet. Alternativ konnten die Fluggesellschaften das PW4000 von Pratt & Whitney sowie das GE90 von General Electric wählen. Die beiden jüngsten Versionen 777-200LR und -300ER sind dagegen ausschließlich mit dem GE90-115B erhältlich.

hat, stellen sich die Flughäfen in der Regel sehr schnell auf die Abmessungen und Gewichte neuer Flugzeugprojekte ein.

Wie um diejenigen zu ärgern, die ein völlig neues Flugzeug gefordert hatten, griff das 777-Entwicklungsteam mit Chefingenieur Alan Mulally an der Spitze für die Tragflächen auf die Erfahrungen mit der 767 zurück. Speziell der Flügelkasten, also der feststehende Teil des Flügels, in dem der Treibstoff untergebracht und an dem die beweglichen Flächen wie Ruder und Klappen befestigt sind, war nicht viel mehr als eine vergrößerte Kopie des entsprechenden 767-Bauteils. Auch die Pfeilung fiel mit 31,1 Grad nur unwesentlich geringer aus als die der 767-Tragflächen. Einen bedeutenden Unterschied gab es allerdings: Die Flügel der „Triple Seven" wurden auf eine Reisegeschwindigkeit von mindestens Mach 0,83 ausgelegt.

Eine Frage des Antriebs

Bei der 777 beschritt Boeing in vielfacher Hinsicht neue Wege. Nicht nur was die Verwendung von Verbundwerkstoffen, die etwa zehn Prozent des Strukturgewichts aus-

machten, und die Zusammenarbeit mit den Fluggesellschaften anging, sondern auch weil man die Entwicklung praktisch mit einem weißen Blatt Papier begann. Oder richtiger gesagt mit einem leeren Bildschirm, denn die „Triple Seven" war das erste Verkehrsflugzeug, das komplett in einer digitalen Umgebung am Computer entstand. Boeing setzte dabei auf das gemeinsam von IBM und dem französischen Flugzeughersteller Dassault entwickelte System CATIA, das den Bau von Mockups, also von Modellen einzelner Komponenten oder des kompletten Flugzeugs, überflüssig machte. Die am Programm beteiligten Partner und Zulieferer hatten ebenfalls Zugriff auf den Datensatz und waren so umgehend über etwaige Änderungen informiert, wodurch viele zeitraubende und kostspielige nachträgliche Modifikationen vermieden werden konnten. Die digitale Umgebung sorgte auch dafür, dass die einzelnen Bauteile von Anfang an gut zusammenpassten, eine ganz neue Erfahrung für viele Mitarbeiter in der Endmontage, die es beispielsweise gewohnt waren, nicht exakt an den gewünschten Stellen sitzende Löcher nachbohren zu müssen.

Boeing kreierte so genannte Design Build Teams (DBT) für praktisch alle etwas komplexeren Komponenten und Systeme. In den DBTs, die sich beispielsweise mit den Türen, einem einzelnen Spoiler oder auch dem kompletten Spoiler-System befassten, waren nicht nur Entwicklungsingenieure vertreten, sondern auch Experten aus der Fertigung und der Wartung, die ihre Erfahrungen einbringen konnten, bevor das Kind in den Brunnen gefallen, also das Flugzeug fertig gestellt war. Eingebunden waren auch Vertreter der Programmpartner, denn wie schon bei den vorangegangenen Projekten waren vor allem japanische Unternehmen in großem Umfang am Bau der 777 beteiligt. Die Tatsache, dass diese Partner oft tausende von Kilometern entfernt saßen, machte die Arbeit für die DBTs nicht einfacher. Das galt besonders für jene Teams, die sich mit dem Antrieb befassten, zumal gleich drei Hersteller mit ihren Triebwerken vertreten waren. Boeing hatte sich auch mit vier- und dreistrahligen Auslegungen beschäftigt, aber relativ früh für eine Lösung mit nur zwei Motoren entschieden. Allerdings mussten geeignete Triebwerke, die den geforderten Schub von mehr als 70.000 Pfund (312 kN, ein Wert, der sich schnell als viel zu niedrig erweisen sollte) zu liefern vermochten, erst noch entwickelt werden. Pratt & Whitneys Angebot basierte auf dem PW4000, das bereits bei der 767 und der A330 zum Einsatz kam. Um den höheren Schub zu gewährleisten, wurden Niederdruckverdichter und -tur-

bine um eine beziehungsweise zwei Stufen vergrößert und der Fandurchmesser um gut 30 Zentimeter auf 2,84 Meter erhöht. Auch Rolls-Royce griff auf einen A330-Antrieb zurück und kombinierte den Kern (Hochdruckverdichter, Brennkammer, Hochdruckturbine) des Trent 700 mit einem modifizierten Mitteldruckverdichter (die Trent-Serie verfügt anders als die Triebwerke von General Electric und Pratt & Whitney nicht über zwei, sondern über drei Wellen), einer neuen Niederdruckturbine und einem neuen Fan mit einem Durchmesser von 2,79 Metern. Das CF6 stellte dagegen keine geeignete Basis für einen 777-Antrieb dar, weshalb General Electric ein völlig neues Triebwerk in Angriff nahm. Ausgangspunkt waren das gemeinsam mit der NASA betriebene Forschungsprogramm E3 (für „Energy Efficient Engine") und die für das Unducted-Fan-Projekt GE36 (bei dem die Fan-Blätter nicht ummantelt waren und wie ein großer Propeller am Heck des Triebwerks saßen) entwickelte Technologie. Mit einem Fandurchmesser von 3,12 Metern war das GE90 der größte – und leistungsstärkste – unter den 777-Antrieben.

Als zweistrahliges Flugzeug wäre die „Triple Seven" gegenüber MD-11 und A340 insofern im Nachteil gewesen, als sie bei langen Flügen über Wasser nicht immer die direkteste Route hätte fliegen dürfen – wenn es nicht ETOPS gegeben hätte. ETOPS steht für „Extended-Range Twin-Engine Operations" und bedeutet, dass ein ent-

Die russische Aeroflot setzte zeitweise geleaste Boeing 777-200ER ein.

Philip M. Condit

Phil Condit begann seine Karriere bei Boeing 1965 als Aerodynamik-Ingenieur im Überschall-Projekt SST. 1978 wurde er zum Chefprojektingenieur des 757-Programms und 1983 zu dessen Leiter ernannt. 1992 wurde er zum President des Unternehmens und zum Mitglied des Boeing-Verwaltungsrats gewählt, dessen Vorsitz er 1997 übernahm. Ein Jahr zuvor hatte er auch den Titel des Chief Executive Officers erhalten. Am 1. Dezember 2003 legte er seine Ämter nieder und trat im März 2004 in den Ruhestand.

sprechend zugelassenes Flugzeug auch auf Strecken eingesetzt werden kann, bei denen der nächstgelegene Flughafen beim Ausfall eines Triebwerks mehr als eine Flug-
stunde entfernt liegt. Die Fluggesellschaften hatten
verlangt, dass die 777 bereits bei der Indienststellung die
ETOPS-180-Zulassung vorweisen musste, also notfalls bis
zu drei Stunden mit nur einem Triebwerk unterwegs sein
konnte, was deutlich höhere Anforderungen an die Aus-
fallsicherheit der Antriebe stellte.

United wird Erstkunde

Die Erfahrungen mit der 767 hatten Boeing zweierlei
gelehrt: Für ein Flugzeug, das bei einer Einklassenbe-
stuhlung mehr als 400 Fluggäste befördern sollte, war
ein größerer Rumpfquerschnitt unumgänglich, und im
Unterdeck musste ausreichend Platz sein, um zwei LD3-
Container nebeneinander unterzubringen. Das Ergebnis
dieser Überlegungen war ein kreisrunder Rumpf mit
einem Außendurchmesser von 6,19 Metern, der bei einer
Kabinenbreite von 5,87 Metern in der Economy Class eine
Bestuhlung mit wahlweise neun oder zehn Sitzen pro
Reihe erlaubte. Weil der Kabinenboden etwas unterhalb
des Kreismittelpunkts lag, war der Rumpf dort am breitesten, wo es für die Passagiere am wichtigsten war –
nämlich auf Höhe der Schultern und nicht an den Füßen.
Die Kreisform hatte noch weitere Vorteile: Ein runder
Querschnitt war einfacher herzustellen, wog weniger und
war nicht so anfällig für Materialermüdung. Zudem verfügte er über beträchtliche Platzreserven in der „Krone"
oberhalb des Hauptdecks. Platz, der bei den späteren
Langstreckenversionen für Besatzungsruheräume genutzt werden konnte, die auf diese Weise nicht mehr im
Haupt- oder Unterdeck, also dort, wo das Geld verdient
wird, untergebracht werden mussten.

Das erste Mitglied der neuen Flugzeugfamilie, die
777-200, musste allerdings noch ohne das Schlafzimmer
im Oberstübchen auskommen. Anfänglich oft auch als
„A-Market Model" bezeichnet, war es in erster Linie als
DC-10-Ersatz auf inneramerikanischen Verbindungen
und für Transatlantikflüge konzipiert, mit einer Reichweite von knapp 8.000 Kilometern bei einer Zwei-Klas-
senbestuhlung für 375 bis 400 Passagiere. Der offizielle
Startschuss für das Programm fiel am 29. Oktober 1990,
nachdem United Airlines zwei Wochen zuvor die Bestellung von 34 Flugzeugen mit Pratt & Whitney Triebwerken
und die Zeichnung von weiteren 34 Optionen bekannt
gegeben hatte. Angesichts der starken japanischen Beteiligung an der „Triple Seven" konnte es nicht überraschen,
dass noch im Dezember All Nippon Airways mit einem
Auftrag über zwölf Flugzeuge nachzog. Im Juni 1991 ging
die erste Bestellung für die Trent-800-getriebene Variante

durch Thai Airways International ein, und zwei Monate
später orderte auch British Airways die 777-200 – zur allgemeinen Überraschung nicht mit Rolls-Royce-Motoren,
sondern mit GE90-Triebwerken von General Electric.

Man konnte wahrlich nicht behaupten, dass die Fluggesellschaften in der Folgezeit Schlange standen, um die
777 zu erwerben. Im Gegenteil, zwischen Mitte 1993 und
Mitte 1995 verkaufte Boeing gerade einmal zwei Flugzeuge. Den US-Airlines ging es in diesen Jahren – wieder
einmal – wirtschaftlich nicht besonders gut, sodass sie
für größere Anschaffungen kein Geld hatten. Das allerdings machte sich bei Airbus und McDonnell Douglas,
die ja mit ihren Konkurrenzprodukten bereits auf dem
Markt waren, erheblich stärker bemerkbar als bei Boeing,
wo man noch mit der Entwicklung des neuen Musters
beschäftigt war.

Im Mai 1991 unterzeichneten Boeing und die großen
japanischen Unternehmen Mitsubishi Heavy Industries,
Kawasaki Heavy Industries und Fuji Heavy Industries das
abschließende Abkommen über die Beteiligung der drei
„Heavies" als Risikopartner am 777-Programm, und am
3. Juli des Jahres wurden in Everett die Arbeiten zum Aus-
bau des dortigen Endmontagewerks aufgenommen. Das
Gebäude, gemessen am Volumen schon vorher das
größte der Welt, wurde noch einmal um 50 Prozent
erweitert. Am 21. Januar 1993 fiel der Startschuss zum
Bau der Tragflächen und der Bugsektion, und am
15. Dezember 1993 begann die Endmontage des ersten
Flugzeugs, das am 9. April des folgenden Jahres vor mehr
als 100.000 Gästen erstmals öffentlich vorgestellt wurde.
An den eingangs bereits erwähnten Jungfernflug am

*Besonders stolz war man in
Seattle, als Air France die „Triple
Seven" bestellte. Die Franzosen
waren sogar erster Betreiber der
hier gezeigten 777-300ER, der sie
gegenüber der A340-600 den
Vorzug gaben.*

*Seite 118: Saudi Arabian Airlines
gehörte zu den frühen
„Triple-Seven"-Kunden.
Die Fluggesellschaft bestellte
bereits im Juni 1995
23 Boeing 777-200ER. Eine
davon ist hier auf dem
indischen Flughafen Mumbai
(Bombay) zu sehen.*

777-Zeitreise

15.10.1990	Erste Bestellung durch United Airlines
12.06.1994	Erstflug der 777-200
19.04.1995	Zulassung der 777-200
17.05.1995	Erste Auslieferung der 777-200
07.10.1996	Erstflug der 777-200ER
17.01.1997	Zulassung der 777-200ER
06.02.1997	Erste Auslieferung der 777-200ER
16.10.1997	Erstflug der 777-300
04.05.1998	Zulassung der 777-300
22.05.1998	Erste Auslieferung der 777-300
24.02.2003	Erstflug der 777-300ER
16.03.2004	Zulassung der 777-300ER
29.04.2004	Erste Auslieferung der 777-300ER
08.03.2005	Erstflug der 777-200LR
23.05.2005	Programmstart für die 777F
02.02.2006	Zulassung der 777-200LR
27.02.2006	Erste Auslieferung der 777-200LR an PIA

12. Juni 1994 schloss sich das umfassendste Erprobungs- und Zulassungsprogramm an, das es bis dahin in der Zivilluftfahrt gegeben hatte. Neun Flugzeuge – fünf mit Pratt & Whitney Triebwerken und je zwei mit Antrieben von General Electric und Rolls-Royce – waren daran beteiligt, und sie verbrachten auf mehr als 4.900 Flügen über 7.000 Stunden in der Luft. Ursächlich für diese hohe Zahl an Testflugstunden – bei der A380 waren es beispielsweise nur 2.500 – waren die für den Zeitpunkt der Indienststellung garantierte ETOPS-180-Zulassung und die dafür erforderliche extrem hohe Zuverlässigkeitsrate. Für jeden der drei Alternativantriebe war beispielsweise ein 1.000-Flüge-Testprogramm vorgesehen, mit dem der Linienflugbetrieb eines kompletten Jahres simuliert werden sollte. Die letzten 90 dieser Flüge zur Zulassung der 777 mit Pratt & Whitney Triebwerken wurden gemeinsam mit Besatzungen und Bodenpersonal von United Airlines durchgeführt, um so den späteren Einsatzszenarios möglichst nahe zu kommen.

Am 19. April 1995 war es schließlich soweit: Die Boeing 777-200 wurde gleichzeitig sowohl von der US-amerikanischen FAA als auch von der europäischen JAA zugelassen, ein absolutes Novum für ein Verkehrsflugzeug. Am 30. Mai folgte die Erlaubnis für ETOPS-Flüge, und am 7. Juni nahm United Airlines mit der „Triple Seven" offiziell den Liniendienst auf. Der Erstflug unter der Flugnummer UA921 führte von London-Heathrow nach Washington-Dulles.

Familienzuwachs

Zeitgleich mit der 777-200-Bestellung vom August 1991 hatte British Airways auch Kaufverträge für zehn 777-200IGW unterschrieben und wurde damit Erstkunde dieser zweiten „Triple-Seven"-Version. Boeing hatte von vornherein vorgesehen, dem „A-Market Model" eine ganze Familie von Flugzeugen folgen zu lassen. Das „B-Market Model" mit höherem Abfluggewicht (297 statt 247 Tonnen), größerer Reichweite (bis zu 14.000 Kilometer) und stärkeren Triebwerken war für längere interkontinentale Strecken vorgesehen und vermochte rund 305 Passagiere in drei Klassen zu befördern. Anfänglich als 777-200IGW (für „Increased Gross Weight", höheres Abfluggewicht) vermarktet, erhielt es später die Bezeichnung 777-200ER. Was Ultralangstrecken von bis zu 18 Stunden Flugdauer betraf, verfolgte Boeing gleich zwei Ideen. Zum einen ein „C-Market Model", also eine 777-200 mit abermals vergrößerter Reichweite, die Jahre später als 777-200LR realisiert werden sollte, und eine verkürzte 777-100X, die aber aufgrund zu hoher Sitzkilometerkosten auf keine Gegenliebe bei den Airlines stieß, zumal sich schnell herausstellte, das die 777-200ER die-

selben Entfernungen mit mehr Passagieren an Bord würde zurücklegen können.

Am 26. Juni 1995 gab der Boeing-Verwaltungsrat grünes Licht für die Entwicklung der 777-300. Um 5,33 Meter vor und 4,80 Meter hinter den Tragflächen verlängert, war das neue Modell sogar länger als die 747, deren frühere Varianten es ersetzen sollte. 370 bis 400 Passagiere fasste die 777-300, die am 22. Mai 1998 erstmals ausgeliefert wurde, bei einem typischen Drei-Klassen-Mix; bei einer reinen Economy-Class-Bestuhlung konnten sogar bis zu 550 Fluggäste an Bord untergebracht werden, und in Japan fliegt die 777-300 bei ANA und JAL mit mehr als 470 Sitzen. Die weiteren Veränderungen umfassten neben der notwendigen Verstärkung der Struktur den Einbau einer weiteren Tür über den Tragflächen sowie wegen der großen Länge einen ausfahrbaren Hecksporn. Zusätzlich wurden drei Kameras – eine unter dem Rumpf und zwei an den Höhenleitwerksvorderkanten – installiert, damit die Besatzung während des Rollens am Boden das Fahrwerk im Auge behalten kann – angesichts des großen Radstands und der mitunter engen Abzweigungen auf einigen Flughäfen eine sinnvolle Einrichtung.

Die „Akte X"

Mit der 777-300 war das Ende der Fahnenstange erreicht – allerdings nur insofern, als eine nochmalige Verlängerung des Rumpfes kaum denkbar war. Bei der Reichweite, so Boeings Überzeugung, war das Potential der „Triple Seven" allerdings noch längst nicht ausgereizt. Nicht zuletzt als Antwort auf die von Airbus geplanten neuen Ultralangstreckenflugzeuge A340-500 und -600 kündigte der US-Hersteller auf der Pariser Luftfahrtausstellung 1999 die Entwicklung zweier 777-Versionen mit noch größerer Reichweite („Longer Range") an. Die 777-300X würde die 747-400 auf jenen Strecken ablösen können, auf denen der Jumbo nur wegen seiner Reichweite eingesetzt wurde, die 777-200X, bei der es sich im Prinzip um das schon beim „Triple-Seven"-Programmstart geplante „C-Market Model" handelte, sollte Nonstop-Verbindungen zwischen weit auseinander liegenden Zielen bedienen und über mehr als 17.000 Kilometer Reichweite verfügen. Der Programmstart für die nunmehr als 777-200LR und 777-300ER angebotenen Flugzeuge erfolgte am 29. Februar 2000, noch bevor eine Fluggesellschaft einen Auftrag erteilt hatte.

Äußerlich waren die beiden neuen Modelle leicht an den zurückgepfeilten Flügelspitzen („Raked Wingtips") zu erkennen, die Boeing erstmals bei der 767-400ER verwendet hatte. Ansonsten spielten sich die Veränderungen eher im Verborgenen ab. So musste die Struktur wegen des höheren Gewichts verstärkt werden, und die

777-200LR konnte mit bis zu drei Zusatztanks ausgerüstet werden, was die Treibstoffkapazität auf maximal 202.290 Liter erhöhte – gegenüber 171.160 Litern bei der -200ER. Bei den beiden neuen Modellen wurden erstmals auch die bereits erwähnten Aufenthaltsräume für Cockpit- und Kabinenbesatzung angeboten, die im vorderen beziehungsweise hinteren Bereich des Rumpfs oberhalb der Passagierkabine installiert werden konnten.

Das maximale Abfluggewicht von rund 350 Tonnen war mit den vorhandenen 777-Triebwerken, deren Schub im Laufe der Jahre ohnedies von ursprünglich knapp über 70.000 Pfund (312 kN) auf 98.000 Pfund (436 kN) beim PW4098 gestiegen war, nicht in die Luft zu bringen. Angesichts eines erwarteten Marktes von weniger als 500 Flugzeugen entschloss sich Boeing, die neuen Modelle exklusiv mit nur einem Antrieb auszustatten. Die Wahl fiel auf das GE90-115B, weil, so der inzwischen zum Chef von Boeing Commercial Airplanes aufgestiegene ehemalige 777-Programmleiter Alan Mulally, General Electric die gestellten Anforderungen in technischer, zeitlicher und finanzieller Sicht am besten erfüllt hatte. Mit 115.000 Pfund Schub (511 Kilonewton) und einem Fandurchmesser von nunmehr 3,25 Metern war das GE90-115B das stärkste Triebwerk der Welt. Und ein überaus sparsames dazu, wie sich nach Indienststellung der 777-300ER bei Air France – die Fluggesellschaft übernahm das erste

Flugzeug am 29. April 2004 – herausstellte. Der Treibstoffverbrauch lag zur Freude der Kunden nämlich noch unter den garantierten Werten.

Die erste 777-200LR wurde am 25. Februar 2006 an Pakistan International Airlines ausgeliefert. Zuvor hatte sich das Muster, von Boeing wirkungsvoll „Worldliner" tituliert, aber noch in die Rekordbücher eingetragen, als es im November 2005 auf einem 22 Stunden und 42 Minuten dauernden Flug von Hongkong nach London einen Entfernung von 21.601 Kilometern zurücklegte.

Trotz dieser beeindruckenden Leistung würde die 777-200LR nur eine kleine Marktnische bedienen. Aber Boeing sah in ihr von Anfang an vor allem eine geeignete Plattform für die Entwicklung eines 100-Tonnen-Frachters, wie ihn nach der Einstellung der MD-11-Produktion kein Hersteller mehr im Angebot hatte. Air France gab mit einer Bestellung über fünf Exemplare den Anstoß, und wenig später, am 23. Mai 2005, verkündete Boeing auch offiziell den Programmstart für dieses inzwischen sechste Mitglied der 777-Familie.

Die MD-11 wird schon seit Jahren nicht mehr gebaut, mit der A350 steht die Ablösung der A340-Familie bereits in den Startlöchern – die „Triple Seven" aber verkauft sich so gut wie nie zuvor. Keine schlechte Leistung für ein Flugzeug, das als drittes mit einem eigentlich aussichtslosen Rückstand ins Rennen gegangen war ...

„Worldliner" nennt Boeing die 777-200LR, die im November 2005 mit einem Weltrekordflug von Hongkong nach London, auf dem sie mehr als 22 Stunden nonstop in der Luft verbrachte, ihre Leistungsfähigkeit eindrucksvoll unter Beweis stellte.
Die 777-200LR bildet gleichzeitig die Basis für den 777-Frachter, der die Nachfolge der nicht mehr produzierten MD-11F antritt.

717 – Das Douglas-Erbe

Der von McDonnell Douglas als MD-95 entwickelte Hundertsitzer wurde zwar von Boeing weiterhin angeboten, konnte sich aber am Markt nie richtig durchsetzen.

Als am 15. Dezember 1996 der Zusammenschluss zwischen Boeing und McDonnell Douglas bekannt gegeben wurde, kam vielleicht der Zeitpunkt überraschend, nicht aber die Tatsache an sich. Schließlich hatte der Flugzeughersteller aus Seattle schon seit geraumer Zeit mit dem Gedanken gespielt, den kleineren Konkurrenten aus St. Louis, dessen Verkehrsflugzeuge seit jeher im kalifornischen Long Beach gefertigt wurden, zu übernehmen. Und McDonnell Douglas' schwierige wirtschaftliche Situation war ebenfalls weithin bekannt.

Für altgediente Douglas-Mitarbeiter war die Situation nichts Neues. Bereits 1967 war die traditionsreiche Douglas Aircraft Company, die mit Verkehrsflugzeugen wie DC-3, DC-6, DC-8 und DC-9, aber auch militärischen Entwicklungen wie AD-1 „Skyraider" und A-4 „Skyhawk" berühmt und zu einem der bedeutendsten Flugzeughersteller Nordamerikas aufgestiegen war, nur durch eine Fusion dem Konkurs entgangen. Damals standen die Fluggesellschaften Schlange, um die Passagierjets DC-8 und DC-9 zu bestellen, und der Hersteller, ohnehin noch gebeutelt von den hohen Entwicklungskosten, hatte Schwierigkeiten, die Produktionskapazitäten analog zur großen Nachfrage auszubauen. Gleichzeitig fehlten die finanziellen Mittel für die Entwicklung des geplanten Großraumflugzeugs DC-10. Der Zusammenschluss mit der vorwiegend auf dem Militärsektor tätigen McDonnell Aircraft Corporation brachte die Rettung.

1996 dagegen war eine zu große Kundennachfrage wahrlich nicht die Ursache der Probleme. McDonnell

Douglas hatte auf dem Militärsektor, auf dem das Unternehmen jahrzehntelang zu den wichtigsten Lieferanten zählte, schmerzhafte Rückschläge hinnehmen müssen. Das A-12-Programm eines Tarnkappen-Kampfflugzeugs für die US-Marine war wegen technischer Probleme und ausufernder Kosten gestrichen worden, beim Wettbewerb um ein neues Jagdflugzeug für die US-Luftwaffe war die YF-23 der von Lockheed Martin konzipierten YF-22 unterlegen, und das Transportflugzeug C-17 ging nach etlichen Verzögerungen zwar schließlich in Serie, bereitete seinem Hersteller aber weiterhin Schwierigkeiten.

Auf dem zivilen Sektor hatte bereits das erste Verkehrsflugzeug, das von McDonnell Douglas vermarktet worden war, eher für Sorgenfalten als für strahlende Gesichter gesorgt. Die dreistrahlige DC-10, 1970 erstmals geflogen und ein Jahr später in Dienst gestellt, hatte am Beginn ihrer Karriere nicht nur mit vielfältigen technischen Schwierigkeiten zu kämpfen, sondern geriet auch durch eine Unfallserie, die nur zum Teil auf Konstruktionsdefizite zurückzuführen war, in Verruf. Hinzu kam, dass mit der Lockheed L-1011 TriStar nahezu zeitgleich ein Konkurrenzmuster mit praktisch identischen Leistungsmerkmalen auf den Markt kam.

Ihren schlechten Ruf wurde die DC-10 trotz umfangreicher Verbesserungen, die sie zu einem zuverlässigen und leistungsfähigen Flugzeug machten, nie mehr los. Und auch McDonnell Douglas sollte sich nach dieser schwierigen Phase nicht mehr richtig erholen. In der Folgezeit fehlten die Ressourcen – allerdings gelegentlich wohl auch der Wille –, die Lücken in der Produktpalette zu schließen. Die Vielzahl der DC-9-, DC-10- und MD-80-Varianten konnte nicht darüber hinwegtäuschen, dass mit ihnen nur jeweils vergleichsweise schmale Marktsegmente abgedeckt wurden. Die MD-80-Serie, als Ablösung der erfolgreichen DC-9 konzipiert (und ursprünglich als DC-9 Super 80 vermarktet) erwies sich zwar mit 1.191 verkauften Exemplaren noch einmal als großer Erfolg, verfügte aber letztlich aufgrund des schmaleren Rumpfs und der am Heck installierten Triebwerke nicht über das Entwicklungspotential beispielsweise der 737-Familie.

Mangelnde Nachfrage

Dass die MD-11, Ende 1986 als modernisierte – und etwas vergrößerte – Nachfolgerin der DC-10 auf den Markt gebracht und damit potentiellen Konkurrenten wie A330/A340 und 777 um Jahre voraus, in der Anfangszeit die den Kunden gegebenen Versprechungen hinsichtlich Treibstoffverbrauch und Reichweite nicht einzuhalten vermochte, machte die Lage für McDonnell Douglas nicht einfacher. Beträchtliche Strafzahlungen wurden fällig, und das Kundenvertrauen war nachhaltig erschüttert. Zudem konnte der Hersteller nach wie vor nicht mit einem schlüssigen Familienkonzept aufwarten. Unterhalb der zwischen 285 und 410 Fluggästen Platz bietenden MD-11 klaffte in der Angebotspalette eine große Lücke. Daran änderte auch die ab 1995 ausgelieferte MD-90 nichts, eine unwesentlich gestreckte Weiterentwicklung der MD-80-Baureihe mit modernem Glascockpit und angetrieben von zwei V2500-Turbofantriebwerken, wie sie auch bei der A320-Familie Verwendung fanden. Die Ausgangsversion MD-90-30 verfügte nämlich ebenfalls nur über maximal 172 Sitzplätze. Eine geplante MD-90-55, die aufgrund zweier zusätzlicher Notausgänge im Vorderrumpf und einer dichteren Bestuhlung hätte 187 Passagiere aufnehmen können, wurde nie gebaut, und nur drei Monate

nach der am 1. August 1997 vollzogenen Fusion beider Unternehmen gab Boeing bekannt, die Produktion von MD-80 und MD-90 nach Auslieferung der vorliegenden Aufträge einzustellen. Die direkt mit der 777 konkurrierende MD-11 sollte dagegen vorerst weiter angeboten werden, wobei der Hersteller seine Vermarktungsaktivitäten auf die Frachterversion konzentrieren wollte. Aber bereits im Juni 1998 verkündete Boeing aufgrund mangelnder Nachfrage auch das Aus für den Dreistrahler.

Da war es nur noch einer

Viele Fachleute waren der Ansicht, dass die MD-95 dasselbe Schicksal erleiden würde. Mit ihr wollte McDonnell Douglas jenen Teil des Marktes bedienen, der zuvor von DC-9-10, -21 und -30 einerseits sowie 737-200/500, Fokker 100 oder BAe 146 andererseits abgedeckt wurde und für den selbst die kleinste MD-80-Variante, die maximal 139-sitzige MD-87, zu groß war.

Ausgangspunkt für die Entwicklung der MD-95 war demzufolge der DC-9-30-Rumpf, der um ein 1,45 Meter langes Segment verlängert wurde, so dass das Flugzeug Platz für 106 Passagiere bei einer Zwei-Klassen-Bestuhlung und für 117 Fluggäste bei einer reinen Economy-Class-Auslegung bot. Die auffälligsten äußeren Unterschiede zum Vorgängermuster waren der größere Durchmesser der Triebwerksgondeln und das ebenfalls vergrößerte Seitenleitwerk. Dennoch war die MD-95 viel mehr als die „aufgewärmte DC-9", als die sie anfänglich vielfach verspottet wurde. Dafür sorgte zum einen ein absolut zeitgemäßes Glascockpit mit sechs großen Flüssigkristallbildschirmen, das auf dem der MD-11 beruhte, eine völlig überarbeitete Kabine mit den breitesten Sitzen ihrer Klasse und die nagelneuen, in Dahlewitz bei Berlin gebauten BR715-Triebwerke von BMW Rolls-Royce (später nur noch Rolls-Royce).

Mit der MD-95 wollte McDonnell Douglas an den großen Erfolg der DC-9/MD-80-Baureihe anknüpfen, konnte aber bis zur Fusion mit Boeing nur eine einzige Fluggesellschaft als Kunden gewinnen.

ValuJet hatte sich 1995 als erste Airline für den damals noch MD-95 genannten Hundertsitzer entschieden. Ihre Nachfolgegesellschaft AirTran stellte am 12. Oktober 1999 die erste Boeing 717-200 in Dienst.

717-Zeitreise

19.10.1995	Erste Bestellung durch ValuJet (später AirTran)
10.06.1998	Rollout
02.09.1998	Erstflug
01.09.1999	Zulassung durch FAA und JAA
23.09.1999	Erste Auslieferung an AirTran
23.05.2006	Letzte Auslieferung

Nichtsdestotrotz taten sich potentielle Kunden schwer. Dabei dürften allerdings die Bedenken, eine „Insellösung" ohne „Familienanschluss" zu erwerben, eine ebenso große Rolle gespielt haben wie die ungewisse Zukunft des Herstellers. Einzig die Billigfluggesellschaft ValuJet orderte im Oktober 1995 50 Exemplare und zeichnete eine ebenso große Zahl an Optionen. Die skandinavische SAS, ein treuer Douglas-Kunde, der lange Zeit als aussichtsreicher Kandidat für eine Bestellung gegolten hatte, entschied sich nach einer erbittert geführten Verkaufskampagne dagegen für die Boeing 737-600.

Boeing, übernehmen Sie

Nach der Übernahme von McDonnell Douglas kündigte Boeing zunächst nur an, die 50 fest bestellten Flugzeuge auf jeden Fall produzieren zu wollen, ehe dann Anfang 1998 beschlossen wurde, die MD-95 künftig als Regionaljet unter der Bezeichnung 717-200 zu vermarkten. Das Unternehmen hatte die Zahlenkombination „717" bis dahin zwar intern für die aus dem Jet-Prototypen Dash 80 abgeleiteten Militärprodukte (C-135/KC-135) und später anfänglich für das Mittelstreckenflugzeug 720 verwendet, aber nie für ein Verkehrsflugzeug – die 717 war also „frei" und schien noch dazu ideal zu passen, weil der neue Jet kleiner als sämtliche sonst noch von Boeing produzierten Flugzeuge mit höheren Modellnummern war.

Zwar verfügte die 717-200 über eine ähnliche Kapazität wie die 737-600, aber der Hersteller war überzeugt, dass beide Flugzeuge völlig unterschiedliche Märkte bedienten. Die 737-600 war als Mittelstreckenmuster speziell für jene Fluggesellschaften interessant, die bereits andere 737-Versionen betrieben und für Verbindungen mit geringerem Aufkommen eine Ergänzung ihrer Flotte suchten. Die 717-200, der bei entsprechender Nachfrage auch eine 717-100 und eine 717-300 folgen sollten, war dagegen als ein in der Anschaffung und im Betrieb günstiges Regionalflugzeug für kurze, häufig beflogene Routen konzipiert.

Eine Entscheidung, die sich zunächst auszuzahlen schien, denn neben der inzwischen in AirTran umbenannten ValuJet orderten bald auch TWA und die Leasinggesellschaften Bavaria und Pembroke den neuen Jet. Am 2. September 1998 hob die 717-200 mit Ralph Luczak und Tom Melody im Cockpit zum ersten Mal vom Long Beach Municipal Airport ab. Dieser Jungfernflug war Auftakt eines umfassenden Erprobungsprogramms, in dessen Rahmen fünf Flugzeuge mehr als 2.000 Stunden in der Luft verbrachten und das exakt 364 Tage später mit der gleichzeitigen Zulassung der 717-200 durch FAA und JAA abgeschlossen wurde. Drei Wochen darauf erhielt AirTran das erste Flugzeug und nahm am 12. Oktober 1999 den Linienbetrieb auf.

Sehr zur Freude ihrer Betreiber hielt die 717 die von ihrem Hersteller gemachten Versprechungen in Bezug auf Treibstoffverbrauch, Zuverlässigkeit und einfache Wartbarkeit. Doch obwohl eine ganze Reihe potentieller Konkurrenzmuster, darunter die Avro RJX von BAE Systems, Bombardiers BRJ-X und die Fairchild 728/928, niemals in

Das Cockpit der 717 basierte auf dem der MD-11 und war mit seinen sechs großen Flüssigkristallbildschirmen sowie seinem sehr aufgeräumten Layout absolut zeitgemäß.

Serie ging, gelang es Boeing nicht, die 717 in großen Stückzahlen abzusetzen. Erhoffte Verkäufe an Northwest Airlines, einen der größten DC-9-Betreiber, oder an die Lufthansa beziehungsweise gleich mehrere Star-Alliance-Partner zerschlugen sich. Trotz der erwiesenermaßen guten Leistungen des Musters scheuten die Fluggesellschaften offensichtlich davor zurück, ein Flugzeug in die Flotte aufzunehmen, das hinsichtlich Triebwerkswahl und Cockpitgestaltung eine Einzelstellung einnahm. Ein weiteres Problem waren die so genannten Scope Clauses, die es vielen US-Fluggesellschaften untersagten, Flugzeuge dieser Größe von ihren kostengünstigeren Regionalpartnern betreiben zu lassen. Folglich gab Boeing Anfang 2005 die Einstellung des Programms bekannt. Die beiden letzten von insgesamt 155 bestellten 717-200 wurden am 23. Mai 2006 an Midwest Airlines und AirTran übergeben.

Viel gelernt

Gemessen an den Verkaufszahlen war das 717-Programm angesichts eines prognostizierten Bedarfs von mehr als 2.500 Flugzeugen dieser Größenordnung eine Enttäuschung. Dennoch profitierte der Hersteller in hohem Maße von den dabei gesammelten Erfahrungen. Beispielsweise was die Konzentration der eigenen Aktivitäten auf die Systemintegration betraf. Zwar hatte auch Boeing bereits zuvor die Fertigung einzelner Komponenten an andere Unternehmen, beispielsweise in Japan und

Italien, vergeben, doch McDonnell Douglas war bei der MD-95 noch einen Schritt weitergegangen. In Long Beach wurde das Flugzeug im Prinzip nur noch endmontiert. Die einzelnen Baugruppen entstanden dagegen fast ausnahmslos bei Partnern aus aller Welt, eine Vorgehensweise, die Boeing auch bei der 787 wählte. Und die „Moving Assembly Line", bei der die Flugzeuge ähnlich wie in der Automobilproduktion an den Arbeitern vorbeigezogen werden, wurde in der Luftfahrt erstmals bei der 717 industriell umgesetzt. Die Vorteile – eine kürzere Endmontagezeit und deutlich niedrigere Produktionskosten – waren so offensichtlich, dass das Prinzip später auch auf die Fertigung von 737, 757, 767, 777 und 787 übertragen wurde.

Eine 717-200 der Olympic Airways auf dem Flughafen Thessaloniki.

Ende einer Ära: Als Midwest Airlines und AirTran am 23. Mai 2006 die beiden letzten 717-200 übernahmen, bedeutete das nicht nur das Aus für dieses Flugzeugprogramm, sondern auch für die Fertigung von Zivilflugzeugen im ehemaligen Douglas-Werk in Long Beach.

787 – Das Effizienzwunder

Mit der 787, auch „Dreamliner" genannt, soll das Fliegen für die Passagiere wieder zum Erlebnis werden.

Seite 128/129: Nachdem sich die Airlines anfänglich mit Bestellungen zurückhielten, kann sich Boeing inzwischen nicht über mangelndes Interesse beklagen. Fluggesellschaften aus aller Welt haben den „Dreamliner" geordert, und die Nachfrage ist so groß, dass der Hersteller noch vor dem Erstflug über eine Steigerung der Fertigungsrate nachdenken muss.

Der „Sonic Cruiser" hätte knapp unterhalb der Schallgeschwindigkeit fliegen und so die Reisezeit zwischen Europa und Asien um bis zu drei Stunden verkürzen sollen. Doch angesichts der harten ökonomischen Realitäten votierten die Fluggesellschaften letztlich für einen niedrigeren Spritverbrauch anstelle der hohen Geschwindigkeit, und Boeing stellte das „Sonic-Cruiser"-Projekt zugunsten der 787 ein.

Wohl niemand wird bestreiten, dass Boeing immer wieder mutig neue Wege im Flugzeugbau beschritten und dabei mehr als einmal das Unternehmensschicksal aufs Spiel gesetzt hat. Im Zivilsegment war dies beispielsweise bei der 707 beziehungsweise ihrem Prototypen 367-80 der Fall und natürlich bei der 747. Der Jumbo-Jet war immerhin zweieinhalb mal so groß wie das bis dahin größte Düsenverkehrsflugzeug, und zu Boeings Pech kam er zu einem Zeitpunkt auf den Markt, zu dem die Fluggesellschaften anderes zu tun hatten, als Geld in riesige Jets zu investieren. Dennoch waren beide Programme letztlich von Erfolg gekrönt und trugen maßgeblich dazu bei, dass Boeing zum weltweit bedeutendsten Produzenten von Zivilflugzeugen aufstieg.

Mitunter, wie bei der 747-400 oder der 777, musste der Hersteller auch von seinen Kunden ein wenig zu seinem Glück gezwungen werden. Um die Jahrtausendwende sah sich Boeing wieder einmal zum Handeln genötigt, doch dieses Mal kam der Druck von anderer Seite. Die A330-200 machte sich zunehmend in jenem Marktsegment breit, das die 767 fast zwei Jahrzehnte weitgehend für sich allein gehabt hatte. Es galt also, sich Gedanken über einen Nachfolger zu machen.

Der Entwurf, den Boeing schließlich am 29. März 2001 der Öffentlichkeit präsentierte, konnte mit Fug und Recht als revolutionär bezeichnet werden. Unter dem Stichwort „Glacier" („Gletscher", gemeint war der Nationalpark gleichen Namens in den Rocky Mountains) im Rahmen

des Forschungsprogramms „20XX" entwickelt, wies der so genannte Sonic Cruiser keinerlei Ähnlichkeit mit bis dato gebauten Verkehrsflugzeugen auf. Mit zwei Leitwerken, großen Delta-Tragflächen, deren Vorderkantenpfeilung sich etwa bei halber Spannweite radikal verringerte, kleinen „Canards" (Entenflügeln) auf beiden Seiten des Vorderrumpfs und zwei halb in den Flügeln integrierten Triebwerken schien der Jet eher einem Science-Fiction-Film als der Entwicklungsabteilung eines Flugzeugherstellers entsprungen zu sein. Doch nicht nur die äußere Form war außergewöhnlich: Der „Sonic Cruiser" sollte sich knapp unterhalb der Schallgeschwindigkeit bewegen und so auf einem Flug beispielsweise von Singapur nach London drei Stunden weniger in der Luft sein als ein konventionelles Flugzeug. Und das alles bei einer beeindruckenden Reichweite sowie ohne Überschallknall und ohne immense Mengen Sprit schluckende Triebwerke – zwei Nachteile, die der Concorde einen großen kommerziellen Erfolg verwehrt hatten.

Das klang fast zu schön, um wahr zu sein. Dennoch war das Interesse der Fluggesellschaften, vor allem der US-amerikanischen, anfänglich riesengroß, auch wenn es Zweifler gab, die eine Reisegeschwindigkeit von Mach 0,95 bis Mach 0,98 wegen der dabei fast zwangsläufig auftretenden örtlichen Überschallströmungen für nur schwer realisierbar hielten und Boeing vorwarfen, mit der Ankündigung nur das Interesse der Öffentlichkeit vom kurz zuvor gestarteten A380-Projekt ablenken zu wollen. Andere Kri-

tiker wandten ein, dass der „Sonic Cruiser" seinen Zeitvorteil auf Strecken zwischen Europa und Asien unter Umständen wegen der Flughafenöffnungszeiten gar nicht würde ausspielen können oder dass sich das Flugzeug mit seinen kürzeren Reisezeiten nicht in die Flugpläne, die sich an den geringeren Geschwindigkeiten der übrigen Jets orientierten, würde integrieren lassen. Doch die größte Gefahr drohte dem „Sonic Cruiser" von ganz anderer Seite. Bereits Mitte 2001 deutete sich an, dass es mit vielen Airlines, wiederum besonders in den USA, wirtschaftlich bergab ging; ein Trend, der durch die Terroranschläge des 11. Septembers rapide verstärkt wurde. Schlagartig war den Fluggesellschaften ein geringerer Treibstoffverbrauch wichtiger als ein 15- bis 20-prozentiger Zeitgewinn.

Yellowstone schlägt Glacier

Nur gut, dass Boeing eine Alternative im Gepäck hatte. Parallel zu „Glacier" war auf Wunsch vieler Fluggesellschaften auch an „Yellowstone" (benannt nach einem anderen US-Nationalpark) gearbeitet worden. Dieses Projekt sah einen eher konventionellen Flugzeugentwurf vor, bei dem aber dieselben fortschrittlichen Materialien, Systeme und Fertigungsverfahren wie beim „Sonic Cruiser" Anwendung finden sollten. „Yellowstone" war als eine Art Referenzflugzeug gedacht, einerseits um den Airlines die grundsätzlichen Fortschritte vor Augen zu führen, die der Flugzeugbau seit Einführung der 767 gemacht hatte, andererseits um die Vorzüge eines fast schallschnellen

Jets gegenüber einem zeitgemäßen „normalen" Entwurf herauszustellen.

Nach dem 11. September 2001 allerdings begannen sich die Fluggesellschaften zunehmend für dieses Referenzflugzeug und weniger für den „Sonic Cruiser" zu interessieren. Vor die Alternative gestellt, bei einem der 767-300 vergleichbaren beziehungsweise leicht höheren Treibstoffverbrauch 15 bis 20 Prozent schneller zu fliegen oder bei den bislang üblichen Geschwindigkeiten 20 Prozent weniger Treibstoff zu verbrauchen, entschieden sie sich einmütig für die zweite Variante. Am 20. Dezember 2002 kündigte Alan Mulally, Chef von Boeings Zivilluftfahrtsparte, die Einstellung der Arbeiten am „Sonic Cruiser" an. Statt dessen werde sein Unternehmen ein „super-effizientes" Flugzeug entwickeln und ab 2008 auf den Markt bringen. Zunächst war von zwei Versionen mit 200 beziehungsweise 250 Sitzen bei einer Drei-Klassen-Bestuhlung die Rede, die angepeilte Reichweite wurde mit 13.300 bis 14.800 Kilometern angegeben, der Rumpfdurchmesser sollte zwischen denen von 767 und 777 liegen. Im Januar 2003 erhielt das Flugzeug die vorläufige Bezeichnung 7E7, wobei das „E" wahlweise für „efficient", „environmentally friendly" (umweltfreundlich) oder für „e-enabled" (wegen des hohen Anteils elektrisch betriebener Systeme und des Internet-Zugangs für Passagiere und Besatzung) stand.

Die fast 500.000 Teilnehmer einer Internetumfrage verliehen dem neuen Jet Mitte Juni 2003 den Beinamen

Die avantgardistische Form der ersten Entwürfe hat die 787 inzwischen ein wenig verloren. Dennoch unterscheidet sie sich mit ihrer nach wie vor schwungvollen Linienführung deutlich von ihrer Vorgängerin 767.

"Dreamliner" lautet der Beiname der 787, die ihren Passagieren eine echte Traumreise ermöglichen soll. Ein breiter Rumpf, große Fenster, ein niedriger Kabinendruck und eine höhere Luftfeuchtigkeit sollen das Wohlbefinden an Bord steigern und das Fliegen wieder zum Vergnügen machen.

Harry C. Stonecipher

Harry Stonecipher, 1936 geboren und von 1994 bis 1997 President und CEO von McDonnell Douglas, wurde nach der Fusion mit Boeing 1997 President und COO von Boeing. 2002 trat er in den Ruhestand, übernahm aber nach dem Rücktritt Phil Condits von 2003 bis 2005 die Ämter des President und Chief Executive Officer.

"Dreamliner", der auf ideale Weise die Idee verkörperte, die hinter dem Entwurf steckte. Denn die 7E7 sollte wieder mehr Freude am und beim Fliegen vermitteln, eine Freude, die bei den meisten Menschen zwar grundsätzlich vorhanden, ihnen aber von der Luftfahrtindustrie (welch ein Wort!) und ihren sterilen Personenbeförderungsluftfahrzeugen wieder ausgetrieben worden ist. Nach dem Weg durch die enge und dunkle Fluggastbrücke dürfe den Passagier an Bord nicht als erstes der Blick auf die Küche oder eine Toilette erwarten, so Boeings Credo. Statt dessen sollte eine geräumige Lobby mit hoher Decke den Eindruck von Weite vermitteln. Mehr als jedes Flugzeug zuvor wurde die 7E7 daher "von innen nach außen" entwickelt, also so weit wie möglich um die Bedürfnisse des Fluggastes herum konzipiert (selbstverständlich ohne dabei die wirtschaftlichen Interessen der Fluggesellschaften aus den Augen zu verlieren).

Aus „E" wird „8"

Die 7E7 war die perfekte Verkörperung von Boeings Überzeugung, dass die Zukunft des Luftverkehrs nicht in immer größeren Flugzeugen bestand, die gewaltige Passagiermengen zwischen großen Drehkreuzen beförderten, sondern in einer zunehmenden Zahl von Nonstop-Punkt-zu-Punkt-Verbindungen auch zwischen kleineren Städten. Nachdem Boeing Ende 2002 mit den noch recht vagen Plänen für den neuen Jet an die Öffentlichkeit gegangen war, galt es nun, unter Einbeziehung potentieller Kunden die genaue(n) Konfiguration(en) festzulegen. Mehr als 40 Fluggesellschaften aus allen Teilen der Welt brachten ihre Erfahrungen ein, und es stellte sich schnell heraus, dass die beiden anfänglich skizzierten Modelle mit 200 beziehungsweise 250 Sitzen nicht ausreichen würden, alle Bedürfnisse abzudecken. Entspre-

chend oft änderten sich in dieser Anfangszeit die Kennzahlen. Im Frühjahr 2003 war von 240 Sitzen beim 7E7-Basismodell und 270 Sitzen bei der 7E7 Stretch die Rede, gleichzeitig wurde deutlich, dass sowohl Bedarf an einer Langstreckenversion mit mehr als 12.000 Kilometern Reichweite als auch an einem Muster für Mittelstrecken bis zu einer Entfernung von etwa 6.000 Kilometern bestand. Im September desselben Jahres waren die 7E7 zum 200-Sitzer und die 7E7 Stretch zum 250-Sitzer mit 12.200 beziehungsweise 14.800 Kilometern Reichweite geworden, und im November erhielt das Duo Zuwachs durch eine neue Version 7E7SR („Short Range"), die für aufkommensstarke Mittelstrecken gedacht war und mit etwa 300 Passagieren bei einer Ein-Klassen-Bestuhlung rund 6.500 Kilometer weit fliegen sollte. Gleichzeitig wurden die maximalen Entfernungen, die von der Basisvariante und der Stretch zurückgelegt werden konnten, auf 14.500 und 15.400 Kilometer angehoben. Die Kabinenbreite hatte man inzwischen auf 5,64 Meter festgelegt, gut 35 Zentimeter mehr als bei A330 und A340. (Später wurde sie noch einmal um 2,5 Zentimeter vergrößert.) Damit passten in der Economy Class bis zu neun Sitze in eine Reihe, normalerweise war aber eine – patentierte – 3-2-3-Bestuhlung vorgesehen. Bei einer Auslastung von 75 Prozent beispielsweise ist damit die Wahrscheinlichkeit, neben einem leeren Platz oder dem Gang zu sitzen, doppelt so hoch wie bei einer heute üblichen 2-4-2-Anordnung. Der Rumpf, der anders als bei der 767 im Unterdeck das Verstauen von zwei LD3-Frachtcontainern nebeneinander gestattete, wies eine leicht ovale Form auf, ein zwischenzeitlich erwogener kreisrunder Querschnitt wurde ebenso verworfen wie ein „Double-Bubble"-Konzept in Form einer Acht mit zwei aufeinander gesetzten Kreissegmenten.

Damit lag die Definition der ersten drei Modelle weitgehend fest, auch wenn im Detail (besonders bei der Reichweite) in den folgenden Monaten weiterhin Veränderungen vorgenommen wurden. Jetzt mussten nur noch Bestellungen eingehen. Den Anfang machte am 26. April 2004 die japanische ANA mit einem Auftrag über insgesamt 50 Exemplare der Basis- und Kurzstreckenversionen, die nun die Bezeichnungen 7E7-8 beziehungsweise 7E7-3 trugen, während die gestreckte Variante künftig als 7E7-9 vermarktet werden sollte. Mit der ANA-Order im Rücken gab Boeing am selben Tag auch den offiziellen Programmstart bekannt. Andere Airlines ließen sich allerdings zunächst Zeit, weshalb die Erleichterung groß war, als im Januar 2005 gleich sechs chinesische Fluggesellschaften ankündigten, gemeinsam 60 Flugzeuge bestellen zu wollen. Und weil die Acht in Asien bekanntlich als Glückszahl gilt, war der Zeitpunkt für Boeing ideal, den voraussichtlich letzten Namenswechsel für den „Dreamliner" bekannt zu geben. Aus der 7E7 wurde die 787, aus der 7E7-8 entsprechend die 787-8 und so weiter. Die zuvor dreistelligen Versionsnummern waren jetzt einzelnen Ziffern gewichen. In der Vergangenheit hatten die beiden letzten Ziffern ja dazu gedient, die Fluggesellschaft zu identifizieren, an die ein Flugzeug ursprünglich ausgeliefert worden war, und Boeing wollte mit dem Verzicht auf diese Kennzeichnung auch deutlich machen, dass die Zeiten extrem individualisierter – und damit für den Hersteller aufwendiger und teurer – Serienflugzeuge vorbei waren.

Und noch etwas änderte sich: Nach etlichen Stunden im Windkanal und Diskussionen mit Fertigungsfachleuten verlor der „Dreamliner" einen Teil seiner avantgardistischen Form. Die auffällige spitz zulaufende Nase wich ebenso wie das an eine Haiflosse erinnernde Seitenleitwerk einer eher konservativen, aber unter aerodynamischen Gesichtspunkten günstigeren Gestaltung.

Soviel Verbundwerkstoff war noch nie

Zum positiven Flugerlebnis an Bord der 787 sollen beispielsweise auch größere Passagierfenster, ein breiterer Rumpf, ein niedrigerer Kabinendruck und eine höhere Luftfeuchtigkeit beitragen. Die beiden letztgenannten Punkte sind bei einem aus Aluminium gefertigten Flugzeug nicht so einfach zu realisieren, bedeuten sie doch eine schnellere Materialermüdung beziehungsweise eine höhere Korrosionsanfälligkeit. Nicht so bei der 787, denn die wird zu großen Teilen – inklusive des kompletten Rumpfs und der Tragflächen – aus Kohlefaserverbundwerkstoffen hergestellt. Traditionelle Luftfahrt-Metalle und -Metalllegierungen wie Titan, Stahl oder Aluminium finden sich nur an den Vorderkanten von Flügeln und Leitwerken sowie an den Triebwerkseinläufen und -aufhängungen.

Verbundwerkstoffe verfügen neben Korrosions- und Ermüdungsfreiheit auch über handfeste fertigungstech-

Für den Transport von großen Dreamliner-Bauteilen werden drei ausgediente 747-400-Passagierflugzeuge zu Spezialfrachtern umgerüstet. Das Heck der 747-400LCF (für „Large Cargo Freighter" kann für Be- und Entladung komplett zur Seite geklappt werden.

Etwa 50 Prozent des Strukturgewichts der 787 entfallen auf Kohlefaserverbundwerkstoffe, aus denen beispielsweise der komplette Rumpf (links die Bugsektion) und die Tragflächen (rechts bei einem Test) hergestellt werden.

Das Cockpit der 787 kombiniert Elemente des 777-Flugdecks mit der neuesten verfügbaren Technologie. Trotz erkennbarer optischer Unterschiede sind die Darstellung auf den Bildschirmen und die Bedienung der diversen Systeme so ausgelegt, dass 777-Piloten innerhalb weniger Tage auf die 787 umgeschult werden können.

nische Vorzüge: So lassen sich ganze Rumpfsektionen quasi in einem Stück herstellen, was die Zahl der benötigten Einzelteile und Verbindungselemente drastisch reduziert – und das Gewicht um etwa 20 Prozent gegenüber einer konventionellen Bauweise verringert. Im Dezember 2004 wurde zu Testzwecken der erste sieben Meter lange und fast sechs Meter im Querschnitt messende Rumpfabschnitt produziert. Boeings Vice President of Engineering Walt Gillette sprach von einem „Stück Luftfahrtgeschichte" und ergänzte: „Nichts Vergleichbares wird derzeit produziert." Der erste versuchsweise gebaute Flügelkasten wiederum war im Sommer 2006 komplett. Der vordere und hintere Holm sowie die Beplankung an Ober- und Unterseite waren aus demselben Material, das auch für den Rumpf verwendet wurde, die Rippen im Inneren, die der Versteifung und Formgebung dienen, waren allerdings noch aus Aluminium, wobei 7E7-Programmchef Mike Bair nicht ausschließen wollte, dass sich das im Laufe der Entwicklung noch ändert. Der Flügelkasten wurde von Boeing gemeinsam mit Mitsubishi Heavy Industries sowie Fuji Heavy Industries entwickelte und gebaut, denn in größerem Maße als bei allen vorangegangenen Programmen – mit Ausnahme der 717 – stützt sich das Unternehmen bei der 7E7 auf

Partner und Zulieferer. Boeing selbst übernimmt im Wesentlichen die Aufgaben eines Systemintegrators, der die aus aller Welt gelieferten Komponenten und Systeme zusammenfügt. Und das in absoluter Rekordzeit. Während die Endmontage der 777 nach Einführung der "Moving Assembly Line" noch zwölf Tage in Anspruch nimmt, sieht Boeing für die 787 gerade einmal drei bis vier Tage vor. Im eigenen Haus werden nur noch das Seitenleitwerk, die Verkleidung am Rumpf-Flügel-Übergang und die Klappen und Ruder an der Flügelhinterkante produziert. Die Bugsektion, die Flügelvorderkanten sowie die Triebwerksaufhängungen stammen dagegen von Spirit AeroSystems (dem ehemaligen Boeing-Werk in Wichita), Teile des Rumpfes sowie die Tragflächen von den drei japanischen „Heavies" Fuji, Kawasaki und Mitsubishi, während Alenia aus Italien und Vought aus den USA gemeinsam für die mittleren und hinteren Rumpfsektionen sowie die Höhenflosse zuständig sind. Eine derartige Vorgehensweise, in der Automobilindustrie seit langem üblich, verteilt das finanzielle und technische Risiko auf mehrere Schultern, stellt aber gleichzeitig hohe Anforderungen an das Programmmanagement, das einen einheitlichen Qualitätsstandard und eine zeitgerechte Lieferung der einzelnen Baugruppen sicher stellen muss.

Um die letztgenannte Vorgabe zu erfüllen, macht sich Boeing die Erfahrungen des Konkurrenten Airbus zunutze, der praktisch von Anfang an großvolumige Baugruppen wie Rumpfsegmente und Flügel auf dem Luftweg von den Werken in den verschiedenen Ländern zur Endmontage nach Toulouse gebracht hatte. Bei Boeing sollen drei 747-400LCF diese Aufgabe übernehmen. Der „Large Cargo Freighter", der durch den Umbau von ausgedienten 747-400-Passagierflugzeugen entsteht, mag zwar in der Tat „ein Baby [sein], das nur die eigene Mutter lieben kann", wie es 787-Programmchef Mike Bair angesichts der doch stark gewöhnungsbedürftigen äußeren Form ausdrückte, aber er verfügt über das notwendige Frachtraumvolumen und die erforderliche Reichweite, um auch größte „Dreamliner"-Komponenten nach Everett zu transportieren. Denn in dem dortigen Werk, in dem auch die anderen Großraummodelle 747, 767 und 777 entstehen, wird die 787 gebaut.

Zwei Antriebe zur Wahl

„Three's a crowd" heißt es im Englischen, „drei sind einer zuviel" lautet hierzulande die entsprechende Weisheit, die auch in der Fliegerei ihre Berechtigung hat. Die Wahlmöglichkeit zwischen drei Antriebsvarianten, wie sie bei 747 und 777 bestand, mochte zwar den Fluggesellschaften gefallen, die sich so für ihren jeweiligen „Hauslieferanten" entscheiden konnten – für die Triebwerkhersteller bedeutete sie jedoch, dass sie ein geringeres Stück vom Kuchen abbekamen. Und Boeing wiederum sah sich größeren Aufwendungen für die parallele Zulassung von gleich drei Flugzeug-Triebwerk-Kombinationen gegenüber. Für den Hersteller stand deshalb relativ zeitig fest, den 787-Kunden nur zwei Antriebe zur Auswahl anzubieten. Die müssen noch dazu an ein und derselben Aufhängung befestigt werden können, damit beispielsweise ein Leasingunternehmen ein Flugzeug vor der Weitergabe an die nächste Airline rasch auf das andere Triebwerk umrüsten kann. Auch sonst sind die Anforderungen sehr hoch, schließlich sollen die Motoren einen beträchtlichen Teil der prognostizierten Effizienzsteigerung des „Dreamliners" gewährleisten. Und während bei bisherigen Flugzeugen beispielsweise Kabinendruck- und Enteisungssystem sowie die Klimaanlage ihre Energie von einem pneumatischen System erhielten, das mittels aus dem Hochdruckverdichter entnommener Zapfluft versorgt wurde, wird die 7E7 als „more electric airplane" vor allem über elektrisch betriebene Bordsysteme verfügen, die ihre Energie ausschließlich von einem am Triebwerk sitzenden Generator beziehen.

Angesichts einer prognostizierten 20-Jahres-Nachfrage nach mehr als 3.000 Flugzeugen dieser Größenordnung wollten natürlich alle großen Triebwerkhersteller gerne dabei sein. Das Rennen machten schließlich General Electric mit dem GEnx und Rolls-Royce mit dem Trent 1000, die beide auf bestehenden Antrieben für die 777 (GE90) beziehungsweise die A380 (Trent 900) basierten. Pratt & Whitney mit dem weitgehend neu entwickelten PW-EXX ging dagegen leer aus. Das Unternehmen war zwar zuversichtlich, das Triebwerk zeitgerecht liefern zu können, aber der rückläufige Marktanteil Pratt & Whitneys dürfte bei Boeings Negativentscheidung eine mindestens so große Rolle gespielt haben wie die anfänglich völlig unzureichenden Leistungen des kurz zuvor für die A318 entwickelten PW6000.

Auf den ersten Blick unterscheidet sich das Cockpit der 787 erheblich von dem der 777. Beim „Dreamliner" sehen sich die Piloten fünf etwa DIN-A4-großen Bildschirmen im Querformat gegenüber , bei der „Triple Seven" sind es dagegen sechs quadratische Displays sowie die zwei kleinen Monitore des Flight Management Systems. Dennoch weisen die beiden Arbeitsplätze mehr Gemeinsamkeiten auf, als es den Anschein hat. Die Art der Darstellung auf den Bildschirmen und deren Bedienung sind so ähnlich, dass 777-Piloten nur fünf zusätzliche Trainingstage brauchen werden, um auch die 787 fliegen zu können. Neu sind beim „Dreamliner", dass zwei Electronic Flight Bags (mit Karten, Handbüchern, etc. in elektronischer Form) und zwei Head-up Displays, das sind Glasscheiben im Blickfeld der Piloten, auf denen wichtige Informationen eingeblendet werden, zur Standardausstattung gehörten.

Größere 787-Version gefordert

Etwa ab Mitte 2005 schlug sich das Interesse der Fluggesellschaften an der 787 in einer steigenden Zahl von Bestellungen nieder. Gleichzeitig brachten die offensichtlichen Vorzüge der neuen Flugzeugfamilie einige Airlines auf die Idee, eine noch größere 787-10 für etwa 300 Passagiere zu fordern. Das konnte Boeing nicht unbedingt gefallen, würde doch ein solches Flugzeug der 777-200ER Konkurrenz machen. Doch spätestens als Airbus die vergleichbar dimensionierte A350-900 ankündigte, war klar, dass man würde reagieren müssen, und so war es schon bald „keine Frage mehr, ob, sondern nur noch wann die 787-10" kam (Bair). Die zusätzliche Kapazität ging dabei auf Kosten der Reichweite, um das maximale Abfluggewicht auf dem Niveau der 787-9 zu halten und so mit denselben Triebwerken auskommen zu können. Die Indienststellung der größten Version wird allerdings kaum vor 2012 erfolgen. Zunächst einmal ist für Herbst 2007 der Erstflug der 787-8 vorgesehen, gefolgt von der Zulassung und ersten Auslieferungen im Sommer 2008.

W. James („Jim") McNerney, Jr.

Der 1949 geborene James McNerney gehört seit 2001 dem Boeing-Verwaltungsrat an und ist seit dem 1. Juli 2005 Chairman, President und CEO des Unternehmens. Zuvor war McNerney von 1982 bis 2001 in führenden Positionen für General Electric tätig, ehe er als CEO zu 3M wechselte.

Modell	Länge	Spannweite	Höhe	Passagiere[1]/Nutzlast	Antrieb
B&W	8,38 m[13]	15,85 m	4,37 m	1	Hall-Scott A-5
40B-4	10,11 m	13,46 m	3,55 m	4	Hornet
80A	17,22 m	24,38 m	4,65 m	18	Hornet
221A „Monomail"	13,08 m	18,00 m	4,88 m	8	Hornet B
247D	15,72 m	22,56 m	3,81 m	10	Wasp S1H1G
307	22,66 m	32,69 m	6,32 m	33	GR-1820 Cyclone
314A	32,31 m	46,33 m	8,41 m	74	GR-2600 Twin Cyclone
377	33,63 m	43,05 m	11,66 m	55 – 100	R-4360 Wasp Major
707-120/120B/138/138B/220	44,04 m[5]	39,88 m	12,67 m	174	JT3C-6/JT3D-3B/JT4A-3
707-320	46,61 m	43,41 m	12,75 m	189	JT4A
707-320B/320C	46,61 m	44,42 m	12,75 m	141 – 189	JT3D-3/JT3D-3B/7
707-420	46,61 m	43,41 m	12,75 m	189	Conway 508
717-200[10]	37,81 m	28,45 m	8,92 m	106	BR715
720/720B	41,50/41,68 m	39,88 m	12,52 m	156[6]	JT3C/JT3D
727-100/C/QC	40,59 m	32,91 m	10,36 m	125	JT8D
727-200/200 adv	46,69 m	32,91 m	10,36 m	148 – 189	JT8D
727-200F	46,69 m	32,92 m	10,36 m	28.600 kg	JT8D-17A
737-100	28,65 m	28,35 m	11,23 m	85 – 96[7]	JT8D
737-200/200C/200 adv	30,53 m	28,35 m	11,28 m	97 – 130[7]	JT8D
737-300	33,40 m	28,88 m	11,13 m	128 – 149[7]	CFM56-3C1
737-400	36,45 m	28,88 m	11,13 m	146 – 159[7]	CFM56-3C1
737-500	31,01 m	28,88 m	11,13 m	108 – 122[7]	CFM56-3C1
737-600	31,24 m	34,32/35,79[8] m	12,55 m	110 – 132[7]	CFM56-7
737-700/700C/700ER	33,63 m	34,32/35,79[8] m	12,55 m	126 – 149[7]	CFM56-7
BBJ	33,63 m	35,79 m	12,55 m	8 – 50	CFM56-7
737-800	39,47 m	34,32/35,79[8] m	12,55 m	162 – 189[7]	CFM56-7
BBJ 2	39,47 m	35,79 m	12,55 m	8 – 50	CFM56-7
737-900/900ER	42,11 m	34,32/35,78[8] m	12,55 m	177 – 189[7]/215[6]	CFM56-7
747-100/100B/100SR	70,66 m	59,64 m	19,33 m	366 – 550[4]	JT9D-7A, CF6-45A2, RB211-524
747-200B/200M/200C	70,66 m	59,64 m	19,33 m	366	JT9D-7R4G2, CF6-50/80, RB211-524
747-200F	70,66 m	59,64 m	19,33 m	115.250 kg	JT9D-7R4G2, CF6-50/80, RB211-524
747SP	56,31 m	59,64 m	19,94 m	331	RB211-524, CF6-45
747-300/300M/300SR	70,66 m	59,64 m	19,33 m	400	JT9D-7R4G2, CF6-50/80, RB211-524
747-400/400M/400D	70,66 m	64,44 m	19,41 m	416 – 566[4]	PW4062, CF6-80C2B5F, RB211-524H2-T
747-400F	70,66 m	64,44 m	19,41 m	119.340 kg	PW4062, CF6-80C2B5F, RB211-524H2-T
747-400ER	70,66 m	64,44 m	19,41 m	416 – 524[3]	PW4062, CF6-80C2B5F
747-400ERF	70,66 m	64,44 m	19,41 m	119.480 kg	PW4062, CF6-80C2B5F
747-8 Intercontinental[12]	74,20 m	68,50 m	19,50 m	450	GEnx-2B67
747-8F	76,30 m	68,50 m	19,50 m	140.370 kg	GEnx-2B67
757-200/200M	47,32 m	38,05 m	13,56 m	201 – 228[7]	PW2037, PW2040, RB211-535E4, RB211-535E4B
757-200F	47,32 m	38,05 m	13,56 m	39.780 kg	PW2037, PW2040, RB211-535E4B
757-300	54,43 m	38,05 m	13,56 m	243 – 289[7]	PW2037, PW2040, PW2043, RB211-535E4B
767-200/200ER	48,51 m	47,57 m	15,85 m	181 – 285[4]	JT9D, PW4000, CF6-80, RB211-524
767-300/300ER	54,94 m	47,57 m	15,85 m	218 – 350[4]	JT9D, PW4000, CF6-80, RB211-524
767-300F	54,94 m	47,57 m	15,85 m	54.885 kg	PW4062, CF6-80C2B7F, RB211-524H
767-400ER	61,37 m	51,92 m	16,87 m	245 – 375[4]	PW4062, CF6-80C2B8F
777-200/200ER	63,73 m	60,93 m	18,52 m	305 – 440[4]	PW4077, GE90-77B, Trent 877 / PW4090, GE90-94B, Trent 895
777-200LR	63,73 m	64,80 m	18,82 m	301	GE90-110B1
777F	63,73 m	64,80 m	18,62 m	103.870 kg	GE90-110B1
777-300	73,86 m	60,93 m	18,49 m	368 – 550[4]	PW4098, GE90-94B, Trent 892
777-300ER	73,86 m	64,80 m	18,72 m	365	GE90-115B
787-3	56,69 m	51,82 m	17,07 m	290 – 330	GEnx, Trent 1000
787-8	56,69 m	60,05 m	17,07 m	210 – 250	GEnx, Trent 1000
787-9	62,79 m	60,05 m	17,07 m	250 – 290	GEnx, Trent 1000

1) typische Bestuhlung, wenn nicht anders angegeben
2) Stichtag 31.08.2006
3) 3- bzw. 2-Klassen-Bestuhlung
4) 3- bis 1-Klassen-Bestuhlung

5) 44,22 m für 737-120B, 41,17 m für 707-138
6) 1-Klassen-Bestuhlung
7) 2- bzw. 1-Klassen-Bestuhlung
8) mit Winglets

9) „Design"-Machzahl. Tatsächlich wurde oft deutlich schneller geflogen. Bei den frühen Jets machte sich eine höhere Fluggeschwindigkeit als die, für die das Flugzeug ursprünglich ausgelegt war, beim Treibstoffverbrauch nicht so nachteilig bemerkbar, wie das bei heutigen Modellen der Fall ist

10) Daten für die Basisversion. Angeboten wurde auch eine Variante mit höherem Abfluggewicht, stärkeren Triebwerken und größerer Reichweite, für die aber keine Bestellungen eingingen

Leistung/Schub	Reichweite[11]	Reisegeschwindigkeit	Max. Abfluggewicht[11]	gebaut bzw. bestellt[2]
1 x 125 PS	515 km	108 km/h	1.270 kg	2
1 x 525 PS	860 km	201 km/h	2.760 kg	81 (alle Model-40-Versionen)
3 x 525 PS	740 km	201 km/h	7.945 kg	16 (alle Model-80-Versionen)
1 x 575 PS	925 km	217 km/h	3.630 kg	2
2 x 500 PS	1.200 km	304 km/h	6.200 kg	75 (alle Model-247-Versionen)
4 x 900 PS	3.840 km	354 km/h	19.050 kg	10
4 x 1.600 PS	5.600 km	296 km/h	37.450 kg	12
4 x 3.500 PS	6.760 km	483 km/h	65.830 kg	56
4 x 60 – 80 kN	7.884 km	Mach 0,80[9]	116.700 kg	146
4 x 70 – 78 kN	6.800 km	Mach 0,80[9]	141.500 kg	69
4 x 80 – 84 kN	9.913 km	Mach 0,80[9]	151.300 kg	511 (ohne militärische Varianten)
4 x 78 kN	6.800 km	Mach 0,80[9]	141.500 kg	37
2 x 82 kN	2.645 km	Mach 0,77	54.885 kg	155
4 x 58/75 – 80 kN	4.800 km	Mach 0,80[9]	106.300 kg	154
3 x 62 – 65 kN	4.020 km	Mach 0,80[9]	76.700 kg	572
3 x 62 – 77 kN	2.750 – 4.020 km	Mach 0,80[9]	95.300 kg	1.245
3 x 71 kN	5.185 km	Mach 0,80[9]	92.100 kg	15
2 x 64 kN	3.440 km	Mach 0,72[9]	49.896 kg	30
2 x 64 – 77 kN	4.630 km	Mach 0,72[9]	58.106 kg	1.114 (inklusive militärischer Varianten)
2 x 89 – 98 kN	2.921 – 4.321 km	Mach 0,745	62.820 kg	1.113
2 x 89 – 98 kN	3.476 – 4.104 km	Mach 0,745	68.040 kg	486
2 x 89 – 98 kN	2.744 – 4.683 km	Mach 0,745	60.550 kg	389
2 x 101 kN	5.648 km	Mach 0,785	66.000 kg	70
2 x 117 kN	6.230/10.200 km	Mach 0,785	70.080/77.565 kg	1.248
2 x 121 kN	11.362 km	Mach 0,785	77.565 kg	95
2 x 121 kN	5.665 km	Mach 0,785	79.010 kg	1.829
2 x 121 kN	10.334 km	Mach 0,785	79.016 kg	13
2 x 121 kN	5.052/5.925 km	Mach 0,785	79.087/85.130 kg	52/81[14]
4 x 207 – 223 kN	9.800 km	Mach 0,84	333.400 kg	206
4 x 234 – 244 kN	12.700 km	Mach 0,84	374.850 kg	320 (inklusive vier militärischer Exemplare)
4 x 234 – 244 kN	6.695 km	Mach 0,84	377.850 kg	73
4 x 222 kN	10.900 km	Mach 0,92	317.500 kg	45
4 x 234 – 247 kN	12.400 km	Mach 0,85	374.850 kg	81
4 x 265 – 281 kN	13.450 km	Mach 0,85	396.890 kg	526
4 x 265 – 281 kN	8.230 km	Mach 0,845	396.900 kg	126
4 x 276 – 282 kN	14.205 km	Mach 0,855	412.775 kg	6
4 x 276 – 282 kN	9.200 km	Mach 0,845	412.775 kg	40
4 x 296 kN	14.815 km	Mach 0,855	435.456 kg	1
4 x 296 kN	8.275 km	Mach 0,845	435.456 kg	18
2 x 163 – 194 kN	7.222 km	Mach 0,80	115.680 kg	914/1
2 x 163 – 194 kN	5.834 km	Mach 0,80	115.668 kg	80
2 x 163 – 194 kN	6.287 km	Mach 0,80	123.600 kg	55
2 x 213 – 282 kN	8.465/12.220 km	Mach 0,80	151.960/179.170 kg	129/121
2 x 213 – 282 kN	7.340/11.305 km	Mach 0,80	159.210/186.880 kg	104/528
2 x 265 – 282 kN	6.056 km	Mach 0,80	186.880 kg	50
2 x 283 kN	10.450 km	Mach 0,80	204.120 kg	38
2 x 338 – 342/400 – 417 kN	9.649/14.316 km	Mach 0,84	247.210/297.560 kg	92/425
2 x 489 kN	17.446 km	Mach 0,84	347.450 kg	40
2 x 489 kN	9.065 km	Mach 0,84	347.450 kg	23
2 x 400 – 436 kN	11.029 km	Mach 0,84	299.370 kg	60
2 x 512 kN	14.594 km	Mach 0,84	351.534 kg	211
2 x 236 kN	5.500 – 6.500 km	Mach 0,85	163.747 kg	43
2 x 285 kN	14.800 – 15.700 km	Mach 0,85	215.919 kg	284
2 x 330 kN	15.900 – 16.300 km	Mach 0,85	244.940 kg	50

11) Maximales Abfluggewicht und Reichweite sind während des Produktionszyklus eines Flugzeugs in der Regel größeren Veränderungen unterworfen. Die Angaben in der Tabelle können daher von den tatsächlichen Parametern einzelner Flugzeuge abweichen

12) Vorläufige Angaben. Möglicherweise wird der Rumpf der Passagierversion ebenso lang wie der des Frachters 747-8F

13) Rumpflänge. Inklusive der Schwimmer war die B&W 9,50 m lang

14) Darunter eine Bestellung für den BBJ 3 auf Basis der 737-900FR, der über eine Reichweite von 8.825 km verfügen soll

Boeing-Standorte in und um Seattle

Der Firmensitz der Boeing Company mag mittlerweile in Chicago sein – das kommerzielle Herz des Unternehmens schlägt nach wie vor in der Region um den Puget Sound im Nordwesten des US-Bundesstaats Washington. Auch wenn Seattle immer wieder als „Geburtsort" der Boeing-Passagierjets genannt wird, baut der Hersteller in der Stadt selbst gar keine Flugzeuge mehr. Renton, wo die 737 produziert wird, und Everett, wo das Werk für die Fertigung von 747, 767, 777 und 787 steht, gehören allerdings zur Metropolregion Seattle, in der inzwischen mehr als 3,8 Millionen Menschen leben und in der mit Starbucks und Microsoft noch andere Firmen von Weltruhm zu Hause sind.

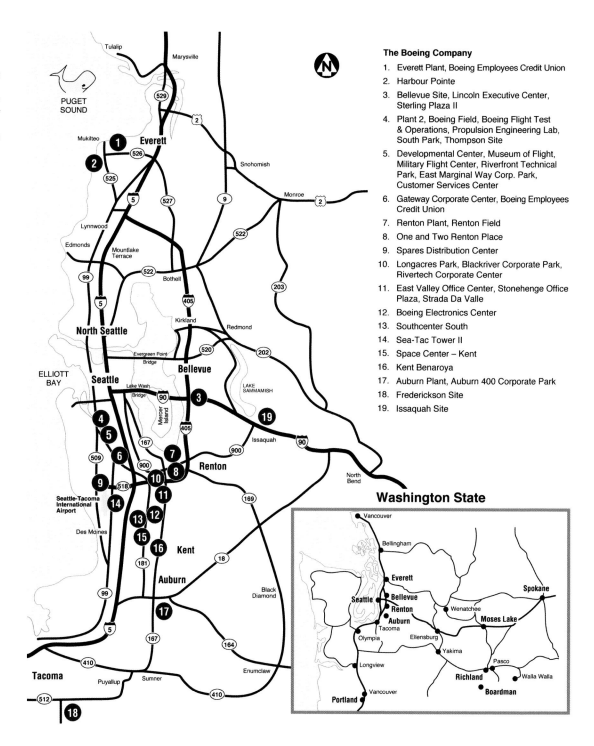

The Boeing Company

1. Everett Plant, Boeing Employees Credit Union
2. Harbour Pointe
3. Bellevue Site, Lincoln Executive Center, Sterling Plaza II
4. Plant 2, Boeing Field, Boeing Flight Test & Operations, Propulsion Engineering Lab, South Park, Thompson Site
5. Developmental Center, Museum of Flight, Military Flight Center, Riverfront Technical Park, East Marginal Way Corp. Park, Customer Services Center
6. Gateway Corporate Center, Boeing Employees Credit Union
7. Renton Plant, Renton Field
8. One and Two Renton Place
9. Spares Distribution Center
10. Longacres Park, Blackriver Corporate Park, Rivertech Corporate Center
11. East Valley Office Center, Stonehenge Office Plaza, Strada Da Valle
12. Boeing Electronics Center
13. Southcenter South
14. Sea-Tac Tower II
15. Space Center – Kent
16. Kent Benaroya
17. Auburn Plant, Auburn 400 Corporate Park
18. Frederickson Site
19. Issaquah Site

Flugzeuge

Airbus
A300 .... 60, 106
A310 .... 60, 107, 109
A320-Familie 55, 58, 68, 70, 103, 125
A330 .... 111, 114, 117, 125, 130, 132
A340 .... 93, 114 ff., 120, 121, 125, 132
A350 .... 98, 121
A380 .... 79, 93, 115, 120, 130, 135
Avro C-102 42
BAC 1-11 .... 58 ff.
BAe 146 125
Boeing (nach Modellnummer)
1 B&W 11
2/3/5 C .... 11 f.
6 B-1 13
7 BB-1 13
8 BB-L6 13
10 GA-1/GA-2 .... 13, 15
40 .... 14 f., 17, 20, 22
80 .... 16 f., 20, 23
83/89 F4B/P-12 21
95 20
96 XP-9 .... 21 ff.
200/221 „Monomail" .... 22 f.
202/205 XP-15/F5B-1 22
214/215 B-9 23
247 .... 18 ff., 28, 31
248/266 P-26 28
294 XB-15 .... 28 ff.
299 B-17 „Flying Fortress" 29, 31, 34
307 „Stratoliner" .... 34 ff., 79
314 .... 26 ff., 79
344 PBB-1 35
345 B-29 „Superfortress" 35, 38, 42
367 C-97/KC-97 .... 38 f., 42 f.
367-80 „Dash 80" 43, 53, 130
377 „Stratocruiser" .... 39, 43 f., 79
417 35
450 B-47 .... 42, 59, 78, 81
464 B-52 „Stratofortress" 43, 78, 81
707 .... 28, 40 ff., 50 f., 59, 61 f.,
.... 78, 99, 106, 111, 130
717 C-135/KC-135 .... 44, 78, 81 f., 111, 126
717-200 .... 74, 122 ff., 134
720 .... 40 ff., 50, 61
727 .... 46, 48 ff., 59 ff., 81, 98 ff., 106 f., 109
737 .... 55, 56 ff., 98 ff., 103, 125 ff.
747 .... 58, 63, 76 ff., 100, 106, 108, 115, 130, 135
747-400LCF 133, 135
757 .... 55, 65, 75, 96 ff., 106, 109 f., 127
767 .... 60, 94, 98 ff., 104 ff., 114 ff.,
.... 116, 120, 127, 130 ff., 135
777 .... 69, 93 f., 112 ff., 125, 127, 130 f., 134 f.
787 „Dreamliner" .... 94, 111, 127, 128 ff.
7E7 .... 131 ff.
7J7 65
7N7 .... 98, 106 f.
7X7 .... 106 ff.
2707 „SST" 61, 63, 79
Boeing Business Jet (BBJ) .... 74 f.
Sonic Cruiser .... 130 f.
YC-14 107
Concorde 85
Convair C340/C440 61
Curtiss Condor 16
De Havilland
DH-4 .... 13, 15
DH.104 „Comet" 42, 44
DH. 121 „Trident" 50, 52, 59
Dornier Do X 30
Fokker
F.VII 16
100 125
Ford TriMotor 16, 23
Handley Page H.P.42 16
Heinkel He 178 42
Junkers
F13 21
W33/W34 16
Lockheed
L-188 „Electra" 50, 52
L-649/749/1049 „(Super) Constellation" 39, 44
L-1011 „TriStar" .... 85, 100, 106, 111 f., 114, 124
Martin M-130 29
(McDonnell) Douglas
DC-1 24
DC-2 .... 24 f., 28
DC-3/C-47 .... 24, 28, 45, 55, 124
DC-4 45
DC-6 .... 39, 44, 45, 124
DC-8 .... 44 f., 65, 78, 106, 124
DC-9 .... 50, 58 ff., 64 f., 98, 124 f.
DC-10 ..... 85, 100, 106, 108, 111 f., 114 f., 119, 124 f.
MD-11 .... 108, 114 ff., 121, 125
MD-80 .... 65, 98, 125
MD-90 .... 98, 125
MD-95 .... 70, 74, 98, 122 ff.
North American F-86 „Sabre" 42
Short Empire 29
Sikorsky S-40/S-42 29
Sud Aviation SE.210 „Caravelle" 50, 59
Thomas Morse MB-3A 13
Tupolew
TU-104 42
TU-134 59
Vickers Viscount 50, 58, 61

Personen

Abraham, Reinhardt 92
Allen, Eddie .... 34 f.
Allen, William 44, 52, 59, 61, 82
Bair, Mike .... 114, 134 f.
Beall, Wellwood 29, 42
Boeing, Bertha 43
Boeing, William E. ... 10 ff., 14 f., 20 f., 24, 43
Brit, John 109
Cashman, John 114
Condit, Phil 98, 117
Edmonds, Tommy 109
Egtvedt, Claire .... 14 f., 20 f., 29
Gillette, Walt 134
Gott, Edgar 11, 14
Hewett, Mike 74
Higgins, Ken 74, 114
Höltje, Gerhard 62
Hubbard, Eddie .... 10, 12 f., 15
Johnson, Philip .... 14 f., 20 f.
Johnson, Tex 44
Karman, Theodor von 42
Kirchner, Dr. Dietmar 103
Loesch, Dick 53
Luczak, Ralph 126
McNerney, James 135
Melody, Tom 126
Mulally, Alan .... 114 ff.
Munter, Herb 11, 14
Norton, Bob 98
Paulhan, Louis 11
Rentschler, Frederick Brant 20
Rouzie, Dick 79
Schairer, George 42
Scott, Clayton L. 11
Shrontz, Frank 114
Shulenberger, Marvin 53
Stamper, Malcolm 80, 84
Steiner, Jack .... 50 ff., 59 ff., 79
Stonecipher, Harry 132
Sutter, Joe .... 59 ff., 78 ff.
Trippe, Juan .... 29, 45, 79, 82 f.
Waddell, Jack 81, 84
Wallick, Jess 84
Wallick, Lew 53, 84, 109
Westervelt, George Conrad 11
Wilson, Thornton Arnold .... 106 f.
Wong, Tsu 11
Wygle, Brien 84

Danksagung

Ein solches Buch zusammenzustellen, wäre ohne umfassende fremde Hilfe gar nicht möglich gewesen. Deshalb sei an dieser Stelle all jenen gedankt, die uns in vielfältiger Weise bei unserer Arbeit unterstützt haben. Zuallererst wären Mike Lombardi und Tom Lubbesmeyer von den Boeing Historical Archives zu nennen, die unsere unzähligen Anfragen nach Informationen und Bildern bereitwillig und kenntnisreich beantwortet haben.

Bei der Beschaffung von Informationen und den notwendigen Korrekturen konnten wir uns zudem auf die Hilfe von Sandy Angers, Tim Bader, Beatrice Bracklo, Chuck Cadena, Heinrich Großbongardt, Lori Gunter, Randy Harrison, Leslie Hazzard, Thomas Heid, Ken Higgins, Brigitte Rothfischer, Bob Saling, Joe Sutter, Mike Tull, Cindy Wall sowie United Airlines in Frankfurt stützen. Herzlichen Dank außerdem an das Stadtarchiv Hagen für die Überlassung von Unterlagen über William Boeings deutsche Vorfahren.

Fotohinweis

- **Dietmar Plath:** 4/5, 48/49, 53, 54, 55, 56/57, 62, 63, 64, 65 unten, 66/67, 69, 70, 71, 72/73, 76/77, 86/87, 88 oben, 90/91, 96/97, 99, 100, 101, 102, 103, 104/105, 107 oben, 108, 109, 110 oben, 112/113, 116, 117, 118, 125 unten, 127 oben, 140/141
- **Boeing Archives:** 8/9, 10, 12, 13, 14 links, 15 oben, 16, 20, 21 oben, 22, 24 oben, 31, 39 oben, 42-47, 50, 51, 52 oben, 58, 65 oben, 74, 78–84, 88 unten, 92, 98, 106, 107 unten, 114, 115, 117 unten,
- **Boeing Commercial:** 74, 75 unten, 93–95, 110 unten, 111 oben, 121, 124, 127 unten, 128–135
- **NASA:** 85
- **United Airlines:** 11, 15 unten, 14 rechts, 17, 18/19, 20, 21 unten, 23, 24 unten, 25 unten
- **Air France:** 119
- **Asiana:** 111 unten
- **Lufthansa:** 25 oben, 40/41, 61
- **All Nippon Airlines:** 75 oben
- **Archiv Dietmar Plath:** 26–30, 32–38, 39 unten, 52 unten, 60, 89 , 98, 125 oben

Quellenverzeichnis

- Becher, Thomas: **Boeing 757 and 767**; The Crowood Press Ltd.
- Boeing: **Flightlines – Boeing Products since 1916**
- Bowers, Peter M.: **Boeing Aircraft since 1916**; Naval Institute Press
- Bowman, Martin W.: **Boeing 747**; The Crowood Press Ltd.
- Condit, Phil: **Design Evolution of the Boeing 757**; Vortrag vor der Royal Aeronautical Society, 1981
- Ingells, Douglas J.: **747 – Story of the Boeing Super Jet**; Aero Publishers, Inc.
- Irving, Clive: **Wide-Body – The Triumph of the 747**; William Morrow and Company, Inc.
- Johnston, Tex: **Jet-Age Test Pilot**; Smithsonian Institution Press
- Klaäs, M. D.: **Last of the Flying Clippers**; Schiffer Publishing Ltd.
- Linden, F. Robert van der: **The Boeing 247**; University of Washington Press
- Mansfield, Harold: **Der Europa Jet**; Luftfahrt-Verlag Walter Zuerl
- Mansfield, Harold: **Vision – A Sage of the Sky**; Duell, Sloan and Pearce
- Norris, Guy, und Wagner, Mark: **Boeing**; MBI Publishing Company
- Redding, Robert; und Yenne, Bill: **Boeing – Planemaker to the World**; Crescent
- Sabbah, Karl: **Twenty-First Century Jet**; Scribner
- Serling, Robert J.: **Legend & Legacy – The Story of Boeing and its People**; St. Martin's Press
- Steiner, J. E.: **The Development of the Boeing 727**; Vortrag vor der Royal Aeronautical Society, 1982
- Sutter, Joe; with Spenser, Jay; **747**; Smithsonian Books

*Joe Sutter, der „Vater der Boeing 747",
mit den Autoren Achim Figgen (links)
und Dietmar Plath (Mitte).*

Achim Figgen

Dass sein Beruf einmal „etwas mit Flugzeugen" zu tun haben
musste, stand für den 1969 geborenen Sauerländer schon
seit seiner Kindheit fest. Folgerichtig absolvierte er zunächst
ein Studium der Luft- und Raumfahrttechnik an der Universität Stuttgart, ehe er sich 1995 vom Ingenieursleben ab- und
dem Schreiben zuwandte, um für das Zivilluftfahrtmagazin
Aero International zu arbeiten. Dort ist er auch heute noch
tätig und befasst sich vorrangig mit den Themenbereichen
Business Aviation sowie Industrie und Technik. Als Co-Autor
hat er darüber hinaus bereits mehrere Bücher zum Thema
Luftfahrt, unter anderem über den Airbus A380, verfasst.

Dietmar Plath

Der 1954 geborene Otterstedter gehört zu den erfahrensten
Fotografen in der Welt zwischen Himmel und Erde. Über 100
Länder auf allen Kontinenten besuchte Dietmar Plath, um
interessante Flugzeuge in den kühnsten und exotischsten
Farben und Bemalungen oder vor faszinierenden Landschaf-
ten festzuhalten und der Öffentlichkeit zu vermitteln. Neben
vielen Kalendern demonstrieren zahlreiche Luftfahrtbücher
und Bildbände sowie eindrucksvolle Fotoreportagen in
renommierten Magazinen wie GEO, Stern, Time, Flight International und Aviation Week sein vielseitiges Repertoire. Seit
1997 leitet er die Redaktion des Luftfahrtmagazins Aero
International.

Faszination Luftfahrt

Einer der besten Luftfahrt-Journalisten Deutschlands öffnet seine Foto-Schatzkiste. Aufsehen erregende Aufnahmen von Flugzeugen und Flughäfen in aller Welt – Futter für das neugierige Auge.

Dietmar Plath
Flugzeuge in aller Welt
„Aeromantics"
128 Seiten, ca. 130 Abbildungen,
Format 24,5 x 30,5 cm,
gebunden mit Schutzumschlag
ISBN 3-7654-7212-3
Best.-Nr. 7212

In diesem bemerkenswerten Bildband erfahren Sie auf informative und unterhaltsame Weise überraschende Superlative, Besonderheiten und Kuriositäten aus der Welt des Fliegens.

Andreas Fecker
Die Welt der Luftfahrt
Superlative, Rekorde und Kuriositäten
120 Seiten, ca. 130 Abbildungen,
Format 22,3 x 26,5 cm,
Hardcover
ISBN 3-7654-7221-2
Best.-Nr. 7221

Im Buchhandel oder unter www.geramond.de